口絵1　古代の近畿は水世界（筆者作成）

５世紀の近畿地方。大阪平野のかなりの部分を占める河内湖、京都盆地の巨椋池、奈良盆地の奈良湖が豊かな水を湛えていた。そして、大阪湾（現在の堺市付近）から奈良湖まで運河「河内・大和大運河」でつながっていた

口絵２　奈良に存在した奈良湖（筆者作成）

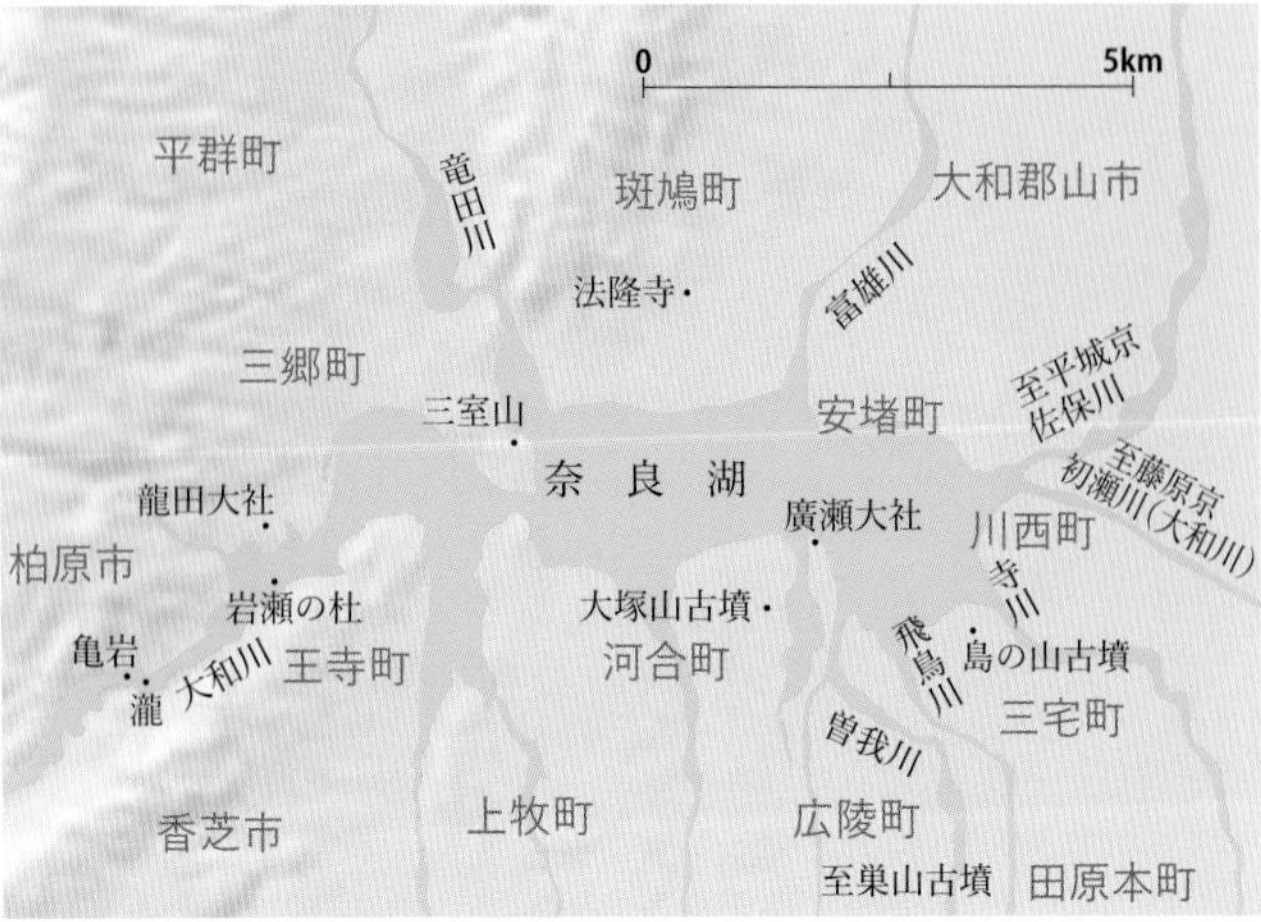

舒明天皇が詠んだ和歌に「大和には……海原は、鷗立ち立つ」という文言が登場する。この「海原」は当時存在していた湖を指し、運河を経由して帆船が通っていたと考えられる

口絵３　大和川の亀岩（堺市博物館所蔵「大和川筋図巻」の一部）

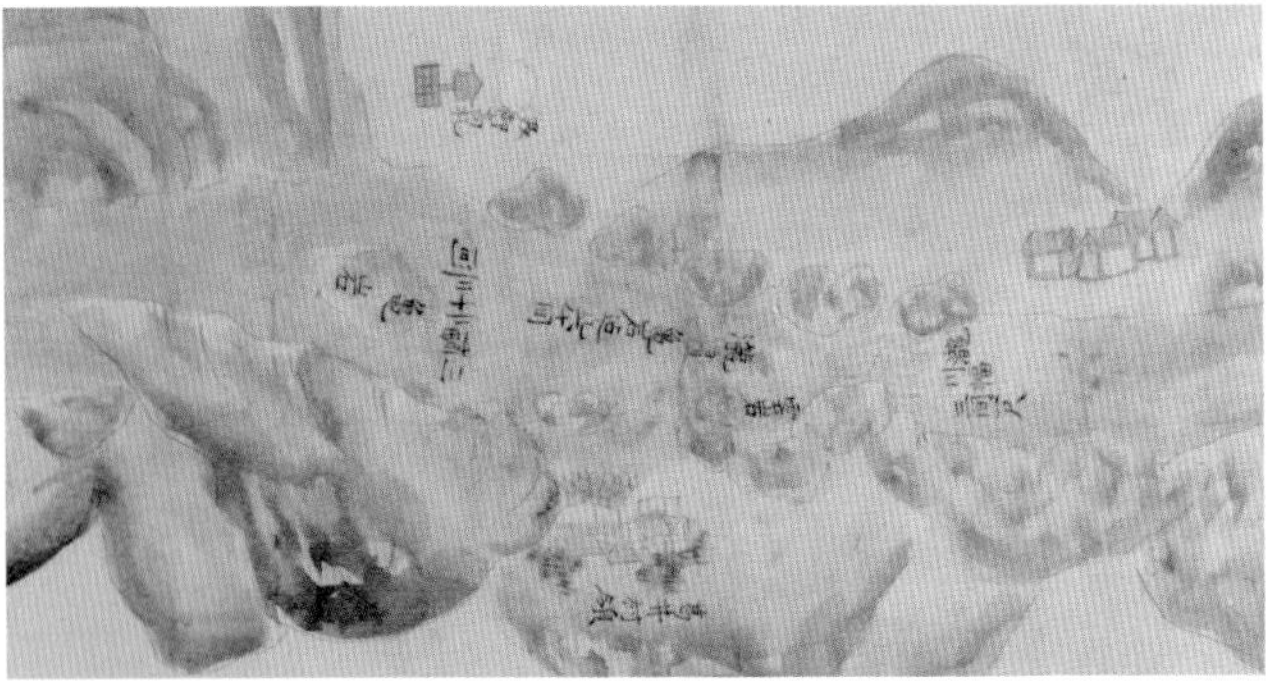

大和川の亀岩付近ではしばしば地すべりが起こり、古代人はこれを制御できなかった。その結果豊かな奈良湖が維持され、その水辺には古代大和の繁栄があった

口絵４　古代の巨大な京都・巨椋池（筆者作成）

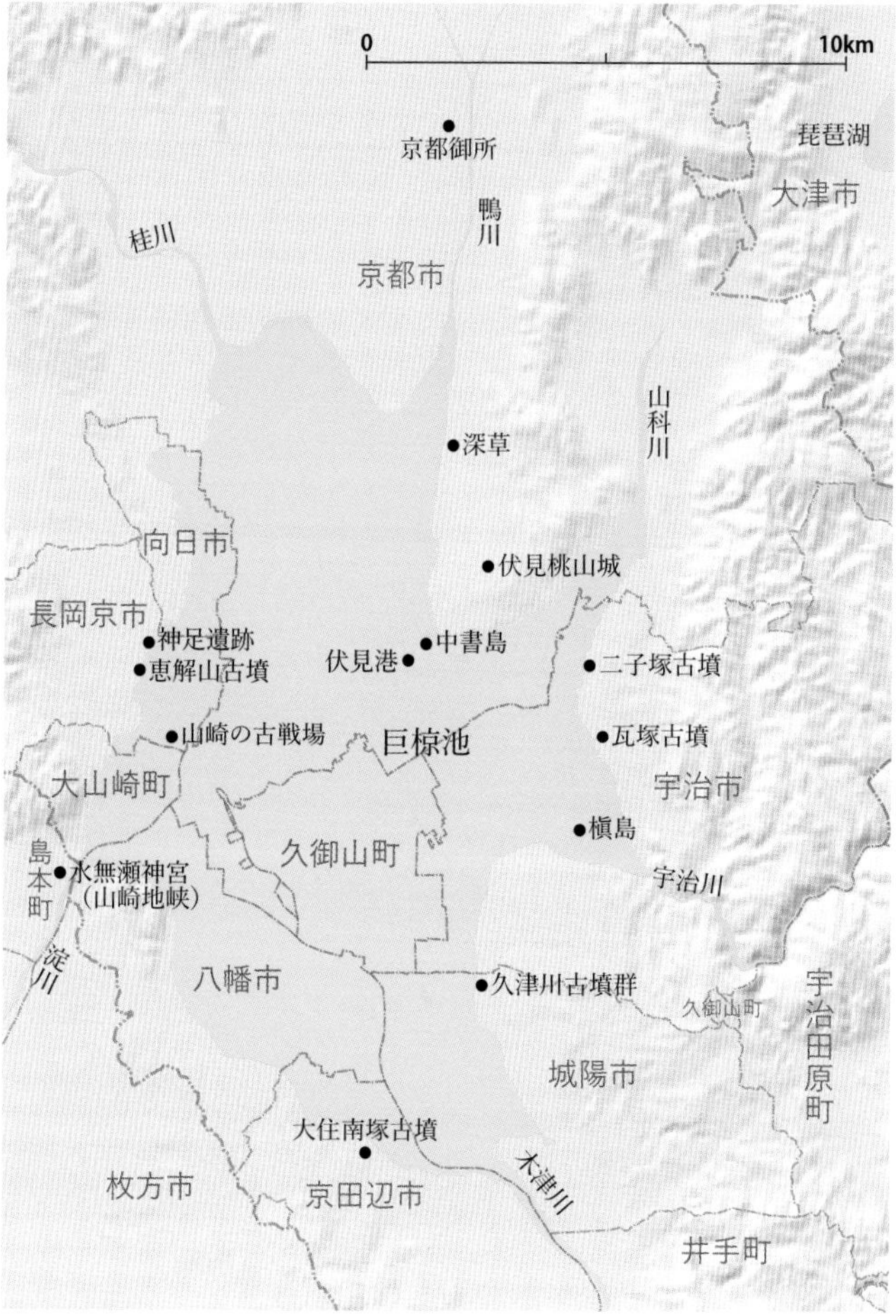

古代は伏見港、山崎の古戦場も巨椋池の中であった。山崎地峡に自然の堰があり、池をつくっていた。その堰の変遷が舟運（交通）の歴史ドラマを生んできた

口絵5　岡山・穴の海と津寺遺跡（筆者作成）

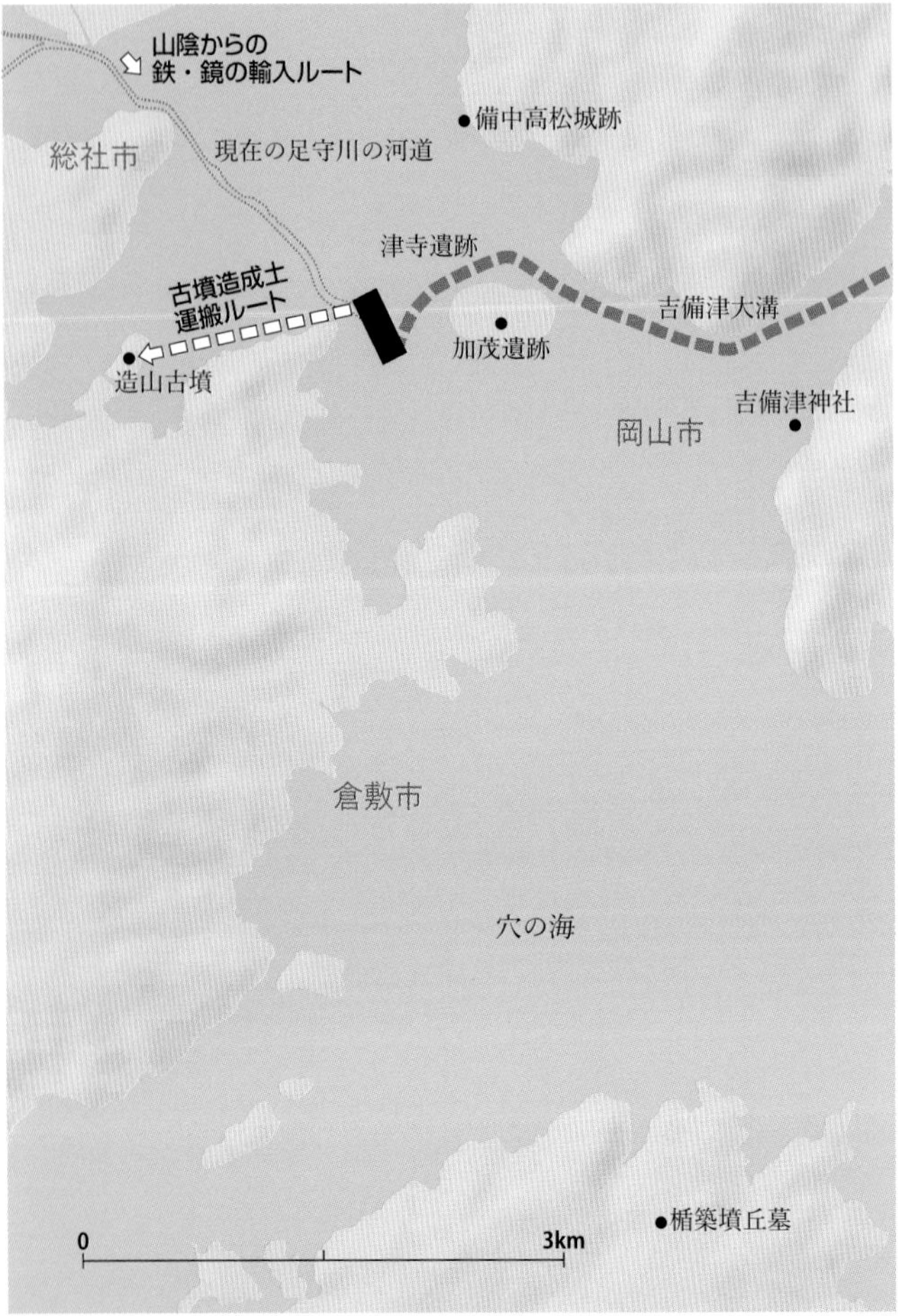

古代、岡山県総社市、倉敷市、玉野市から岡山市にかけて「穴の海」という海が広がっていた。その北西部に当たる場所から、1980年代に杭構造物が発見される。19世紀のオランダで用いられた「粗朶工法」と酷似した技術を用いてつくられた流通ターミナルである。東の海と結ばれた運河の拠点であった

古代史のテクノロジー

日本の基礎はこうしてつくられた

長野正孝

Nagano Masataka

PHP新書

まえがき

　この国は、中国大陸や朝鮮半島とは微妙な距離で切り離されている。四季があり、普段は穏やかだが、時として強い季節風が吹き、台風もやってくる。大陸との距離が近いわりに、列島独特の風土があった。したがって、特殊な技術が育った。

　地形急峻にして、雨が降れば川の流れは速く、海は気まぐれ、時を選ばずに荒れる。潮の流れは速く、時に高波、津波も起きる。一言でいえば、海洋性気候に恵まれた水世界があった。この国の人間は水には恵まれたものの、同時に水を克服しなければならない宿命があった。

　また、この国は有史以来絶えず侵略を受けてきた。先達は知恵をしぼって侵略に耐え、生き抜いてきた。とりわけ、彼らの脳は移動、モノの輸送に強い意識が働いていた。本書では、古代の技術、とくに水運と交易に関する技術を中心に考察を重ねた。さらに古代人の立場になって彼らの実像を描き出すことを試みた。

　第一章ではまず縄文時代の巨大プロジェクトである「三内丸山の縄文タワー」の建て方と、そもそもの目的について考えた。次に取り上げたのは古墳時代の「河内・大和大運河」、これは今まで多くの専門家が四世紀末から六世紀まで実在を指摘してきた運河である。だが、その重要性とは裏腹に、世界遺産になった百舌鳥《もず》・古市《ふるいち》古墳群に埋没してほとんど知られていない。この運河がこの時代、なぜ必要になったか、そして、この運河が果たしてきた役割について説明しようと思う。

三つ目は京都の巨椋池《おぐら》と和気清麻呂《わけのきよまろ》の運河の謎に迫ってみよう。和気清麻呂の運河はかつて、淀川の洪水防止の放水路というのが定説とされてきた。だがこの改修は治水を目的にしたものではない。明らかに運河である。この運河から始まり、巨椋池、秀吉の太閤堤、伏見港までの舟運の謎解きをすると、まったく違う京都の姿が浮かび上がってきた。京都の歴史を変えた運河だといえる。

次に、古代倭国と言われた時代に、大規模な戦争を起こすことなく、生き抜いてきた倭人の姿を眺めてみよう。神は日本人の祖先に試練を与え、代わりに賢さというＤＮＡを授けてくれた。知恵とテクノロジーによって我が身を守りつつ、皇室の血脈を維持してきた祖先の姿を追ってみようと思う。

平和な時代、古墳時代になって、多国籍の商人が日本列島に登場する。彼らの登場以外に説明できない大きな社会変革がこの国にあった。彼らの実像に迫り整備した社会インフラをみてみよう。技能集団としての活動を深掘りするとき、古墳時代の日本人の生き方を垣間《かいま》みることができた。

私はこの十年間、北海道から九州まで史跡と呼ばれる数多くの現場を歩きまわり、古代人のものづくりを観察、考察してきた。この度は彼らの脳に分け入って、古代の港や建物、運河、船、灌漑事業などの「テクノロジー」に挑戦してみた。それをまとめたものが本書である。本書でいうテクノロジーとは、その時代、時代に芽生えた工学的知見やスキル（技）などの総称である。

ただひたすら、古代人になったつもりで愚直に「現場主義」で筆を進めた。書き終わったとき、ひ弱くても賢い、現代の日本人の姿が重なってきた。そして改めて、テクノロジーは史実解明の有力な視点になりうることを確信した。そして、この視点から歴史を検証すれば、昨今の専門家の方々が語る、不思議な古代史への疑問も改めて深まったのである。

古代史のテクノロジー　目次

第三章　皇室への血脈をつないだ倭人たち

第四章　渡来商人による国土改造

第六章　古代人は治水を考えなかった

第一章

古代のビッグプロジェクトを検証する

まず、このくにの古代史において地域や国を大きく動かした重要な事業、しかし、きちんと検証され、内実に迫ることがあまりなされていない事業を三つ取り上げて、技術者の視点から検討してみたい。一つ目は三内丸山遺跡の狼煙台、二つ目は古墳時代の「河内・大和大運河」、三つ目は神崎川の開削である。

◆プロジェクト1　縄文・三内丸山遺跡の狼煙台

三内丸山遺跡の縄文タワーとは

二〇二一年七月、三内丸山遺跡を中心に一七ヵ所の遺跡が、「北海道・北東北の縄文遺跡群」として世界文化遺産に登録された。縄文タワー（六本柱ともいう）と呼ばれる塔で有名な遺跡である。

遺跡を管理している三内丸山遺跡センターは目的も高さも示していない。宗教云々という解釈はやめ、復元の際、上部には何も飾りを付けなかったとガイドさんは語ってくれた。考古学上、大変正しい判断である。

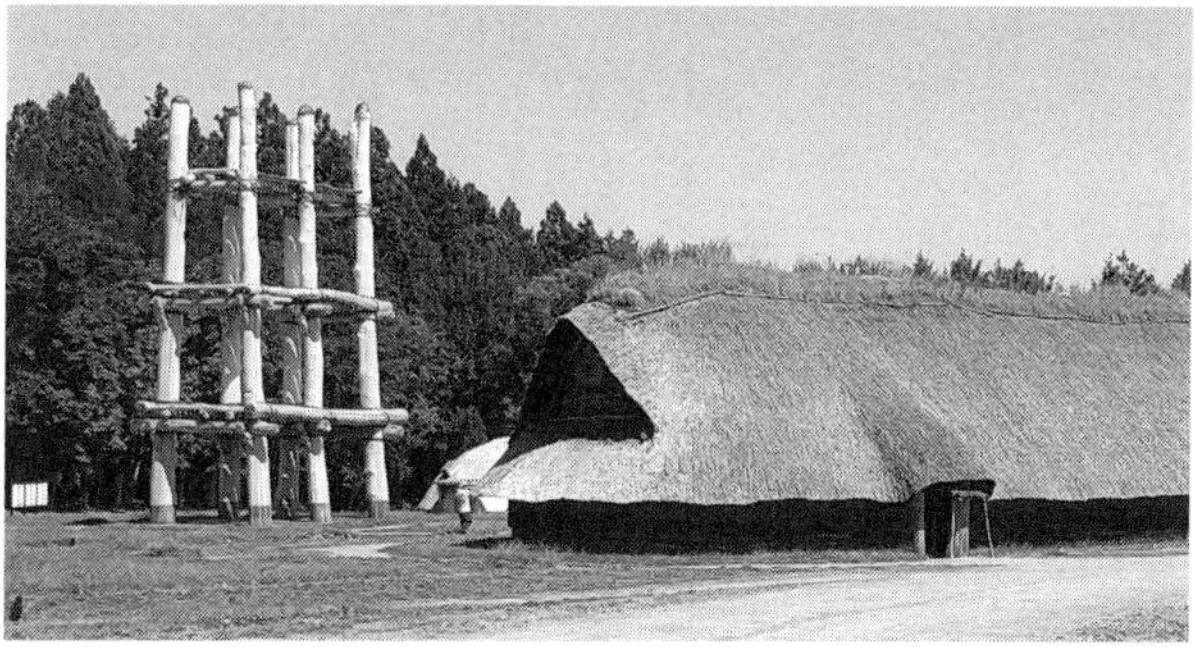

写真1-1　三内丸山遺跡の塔と集会所
筆者撮影

ここはヤマトと離れているから、祭祀の施設とは誰もいわない。その高さから陸奥湾を眺めることができる塔であり、船からも見える。

案内してくれたガイドさんは、「それぞれ見た人がこの塔の目的を想像すればよい。一つの方向に導くのは誤りである」と語っていた。まったくその通りである。それぞれの人が考えるのは自由である。

塔の高さについては、大林組が柱の先端部の土がどの程度荷重がかかっているか、土の圧密の程度で計算し一五メートルと想定している。ほぼ間違いないと思われる。上の床の利用状況によっては（例えば倉庫など）、柱に大きな荷重が発生する可能性はある。その場合、塔は低くなる。

この塔は祭祀のために建てられたものだと考える方もいるようだが、祭祀のために四階相当のこんな高い構造物は必要ない。高さはそれなりに理由があると考える。私の仮説は、狼煙《のろし》台である。ガイドブックには推定の高さは書かれていない。しかし、復元には長い栗の材が見つからず、海外から輸入したという。

縄文タワーを人力だけで建てるためには

一言でいえば高すぎる塔である。本当にこんな高い塔が立てられるのだろうか。縄文人の建て方を考察した。

復元（想定）された縄文タワーの諸元は

○柱：長さ一五メートル、直径八〇センチメートルの栗材六本。柱重量は一本当たり約五トン（筆者計算）。

○構造体：長辺一二・六メートル（芯々：二つの部材の中心から中心まで）、短辺八・四メートルの黄金比的なバランスを持っている。

○杭間隔四・二メートル、基礎の深さは二から二・五メートル。建てた後は入念に突き固められ、土は固く締まっていた。柱が中心に集まる構造になっている。上部工は残っていないので想像とのこと。

実際は違う場所に建てられたそうだが、復元された場所と同様に、フラットな場所に建てられたと考えられている。

この柱を立てるのは大航海時代の船の帆柱を立てるより面倒である。帆船の場合、帆柱を立てる場所は船の一番底の部分、竜骨（キール）の上である。コロを使って甲板から流し込むように斜めに台車で移動させ、斜めになった帆柱の上端を、甲板で引き上げる。船底から甲板まで高さがあるので比較的容易に引き上げることができる。さらに帆柱は一本ではない。途中、継いであるものがほとんどで、短いケースが多い。縄文タワーの場合、二から二・五メートルの浅い穴で一五メートルの柱を立てるのは難しい。

柱一本の重量五トンと言えばトヨタの高級車レクサス二台分の重量で、それを吊り上げることになる。人力でクルマを空中に一台持ち上げると同じ作業になる。方法としては、幾つかの方法があると思われるが、仮設足場を組んで持ち上げるという無難な方法を考えた。

①六本柱のまわり（片側三本）に高さ一五メートル、幅一・五メートルほどの仮設足場を柱の両側にぐるりと組む（**図1－1A**）。これは将来の床をつくる際の足場にもなる。

C

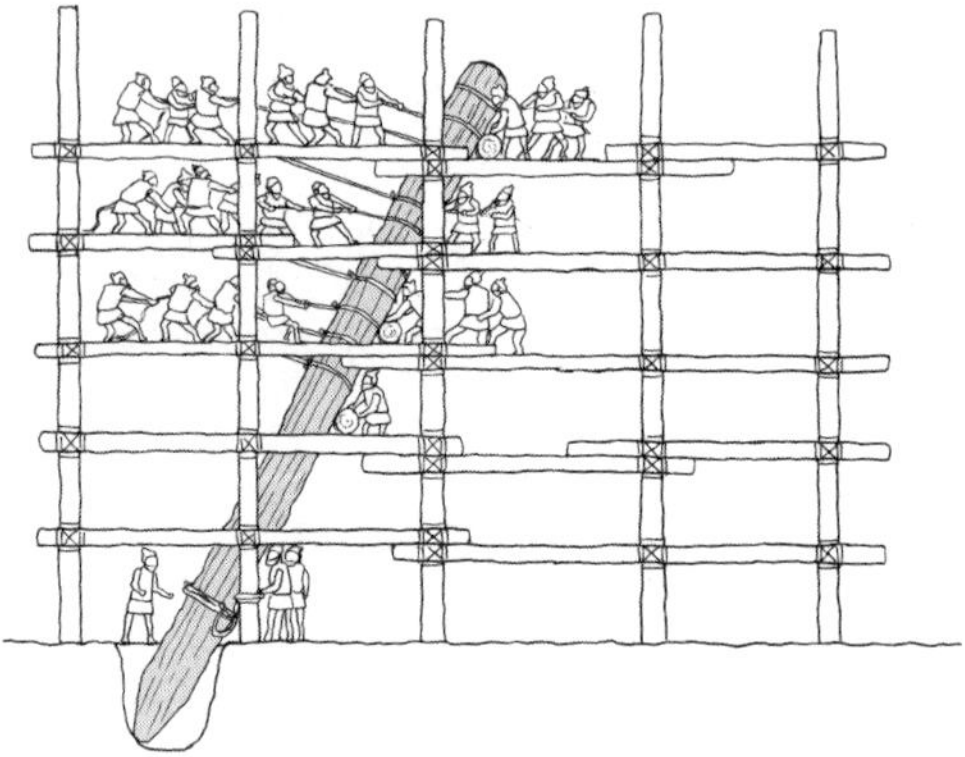

D

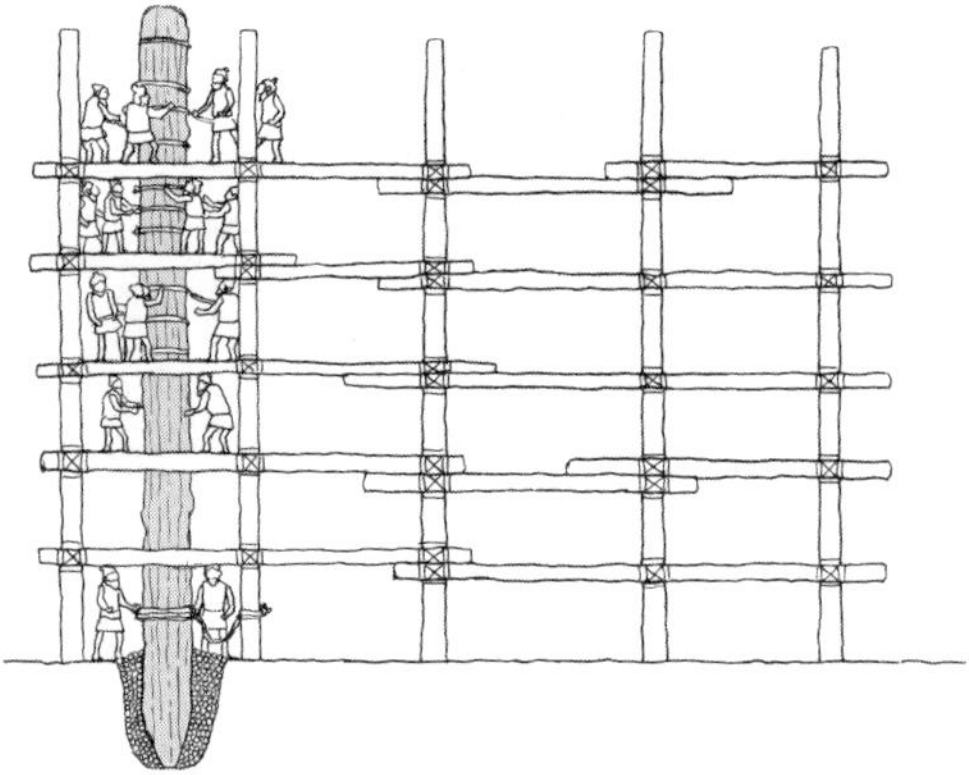

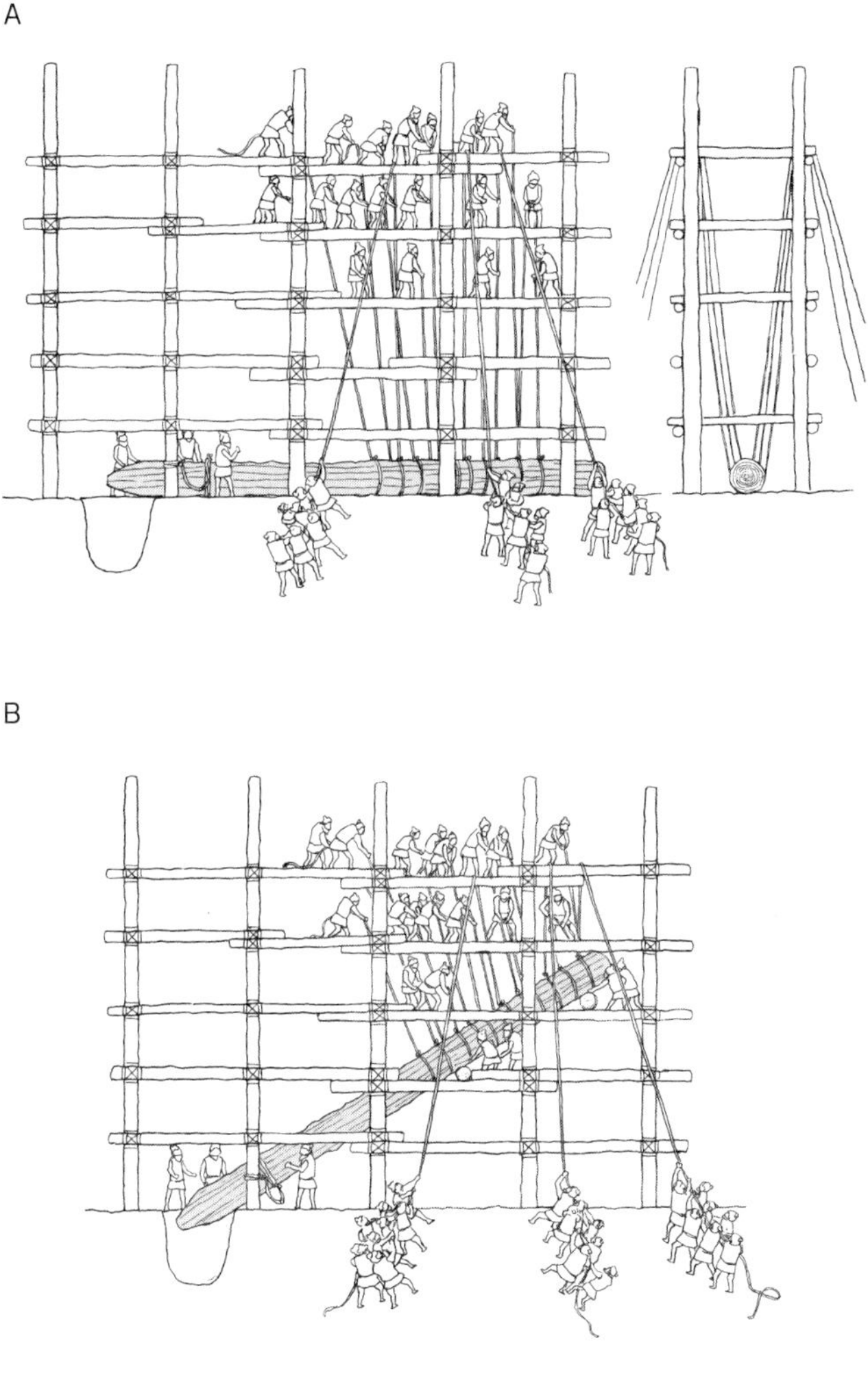

図1-1　縄文タワー工程図

②一本目の柱を立てる準備。杭の基部を杭穴の上にセット。柱の頂部に三〇本（片側一五本）のロープを掛け、基部を柱にロープを、仮設足場下部が左右上下に動かないようにゆるく結わえる（図1-1A）。

③柱を立て始める。作業人数は全部で一〇〇人、片側約五〇人。足場の上部の足場板からの作業台の足場上部の横木にロープを渡し、声を掛けながら力を合わせて慎重に吊り上げる。足場の端部（片側）に最大二トンほど掛かる（余裕をみて）ので、荷重の分散が必要。引き上げ人数片側四〇人、横木かませ三人、基部二人、その他補佐役五人で引上げる（図1-1B）。

一本のロープに四、五人でチームを組み、柱の傾斜にあわせて足場を移動しながら徐々に引き上げる。下からも大勢で引く。主柱が上がるにつれ、足場に横木をかませ、斜めになった柱を支える。反対側、横からも倒れないよう残りのロープで支える。傾きが六〇度程度になったとき、横方向から水平にロープを引く作業に変える（軽くなり二〇人ほどで可能になる）。下端部を穴の中心に徐々に差し込む（図1-1C）。

④ほぼ垂直に立ったら基礎穴のまわりを石と土でゆるく仮締めをし、主柱を足場に仮り留めする（図1-1D）。

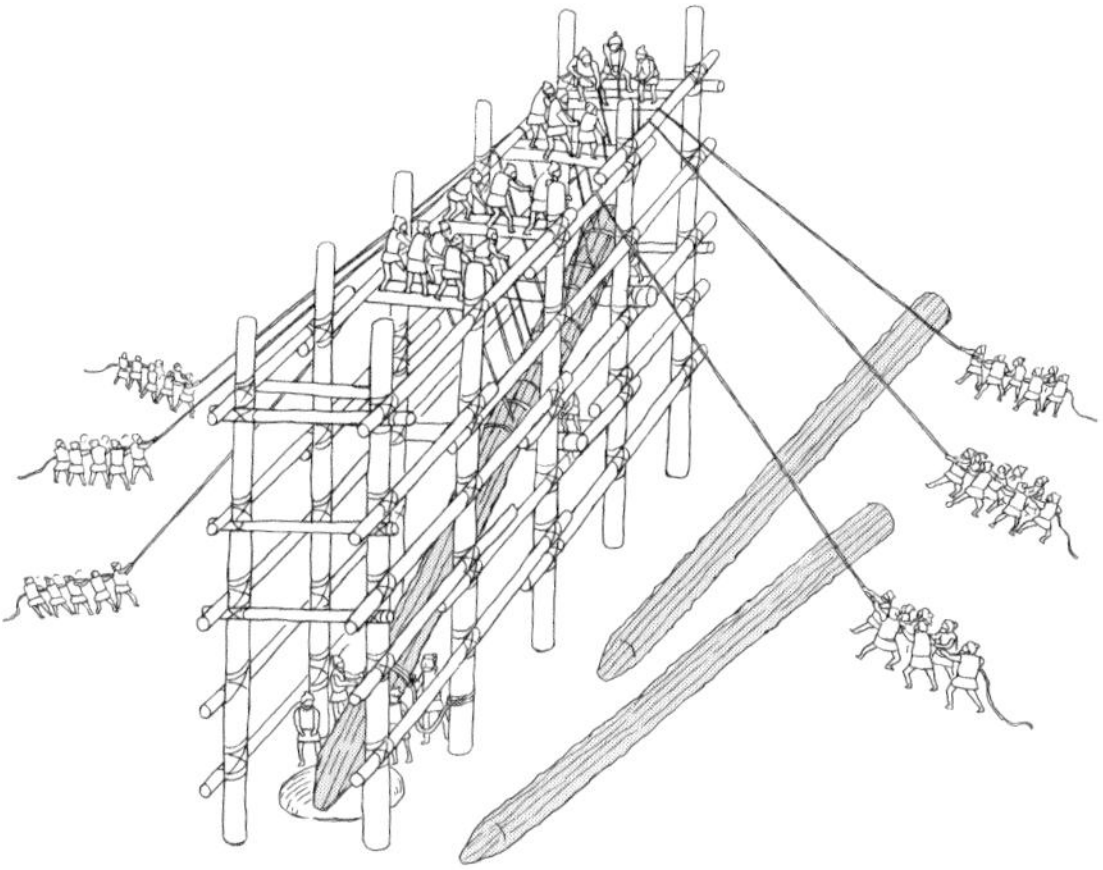

図1-2　縄文タワー主柱作業図

この繰り返しで片側三本、足場を移動して残りの三本を立てる。

⑤六本立ちあがったらこの足場を利用して、一階と二階の梁を付け、床を張る。上部構造は切り欠きを入れ梁を挟み、蔓《つる》やロープで結わえる。緩い構造なので一ヵ所に歪みがないようにする。一定時間たった後に基礎をしっかり固める。全体の工期は大雑把に考えて二カ月はかかる。

以上はタワーを、重機、滑車、クレモナのような強靭なロープ材は使わず、古代の技術で造る条件で私が考えた一例である。図は見やすいよう柱を少なくした。足場の右側はもっと柱が多い。この工法は、設計図がなくとも「現場合わせ」、すなわち現場で打合せをしながら立てられる方法である。足場の梁の上にロープを通して下から引くが、梁に滑りやすくする素材、潤滑油が必要である。

技術上の大きな問題点は人間の数と、植物繊維（藤や山ぶどうの蔓）のロープの強度である。アザラシなどの皮を鞣《なめ》した紐を撚《よ》ったロープであった可能性もある。しかし、大航海時代の船のロープ、綱引きのロープのような強度を期待してはならない。すぐに切れる。柱の傾きを見ながら絶えず数本の横木を差し込み、傾きに合わせてロープを移動させる微妙な作業が求められる。

縄文タワーは狼煙台

ここ三内丸山は、この地方のヒスイ装飾品の大きな工場であったといわれている。ヒスイの製品ができたときに、人を集めたのだろう。タワーは「さあ、市場を開くから、海を越えて集まれ」というメッセージを送る、海を越えた大狼煙《のろし》台であったと考える。ヒスイ売り出しの狼煙が上がると、アザラシやヒグマの毛皮、魚、黒曜石などを船に積んで、青森湾、陸奥湾だけでなく、津軽海峡を越えて北海道からも集まってきた。

狼煙の燃料は何か。狼煙は、現在アラスカのイヌイット族も使っている、アザラシの油を

図1-3　完成した狼煙台

しみこませた薪《たきぎ》で上げることができる。なお、狼煙台の構造であるが、木の台の上にアザラシの皮を敷き、砂と砂利を敷けば木造部分に延焼はしない。狼煙台はロマンを感じられる、今後の研究課題である。

ただ、単なる狼煙台ならば、一五メートルの一本モノの巨木は必要ない。建てるのが面倒である。一〇メートル程度ずつ細い丸太を積み上げることで造ることができる。おそらく、三から四階にして、そこに薪や油を蓄え、市場を仕切る長老たちの会議場として利用したのかもしれない。杭穴から構造物を割り出し、塔の高さからタワーの利用法を考えるのもロマンがある。

狼煙はどこまで届いたか

以前、私は司馬遼太郎が想定した、対馬《つしま》から壱岐《いき》、壱岐から本土までの（軍事用の）狼煙はありえないと否定した。なぜか？　物理的には対馬の高い山に登って狼煙を上げれば可能であるが、何十年に一回しか役に立たないし、この海では靄《もや》が出て、七〇キロの距離では見えないときがほとんど、いざというときには役に立たないからだ。定期的に行なうビジネスの情報であれば、天気がよい空気が澄んだときを選んで知らせることができる。

三内丸山から函館山まで一〇五キロメートルある。現在の三内丸山の地盤の標高が二〇メートル（縄文時代の青森湾の水面とあまり変わらない）とした。塔の高さは一五メートルというが、狼煙台はさらに五メートルあげて標高四〇メートルとした。その高さから見れば、地球は半径六三七八キロメートルの球形。三平方の定理で計算すれば二五キロ先の海岸まで見える。これは津軽半島の外ヶ浜町の蟹田《かにた》付近から夏泊《なつどまり》半島の半分程度までしか見えない。津軽海峡を越えて蟹田の高台から函館まではまだまだ八〇キロメートルある。

次に、蟹田の丘に標高一〇〇メートルの二つ目の狼煙台をつくれば、函館山の標高一六〇メートル付近に登れば肉眼で見える。さらに、蟹田から下北半島の先端仏《ほとけ》ヶ浦付近から狼

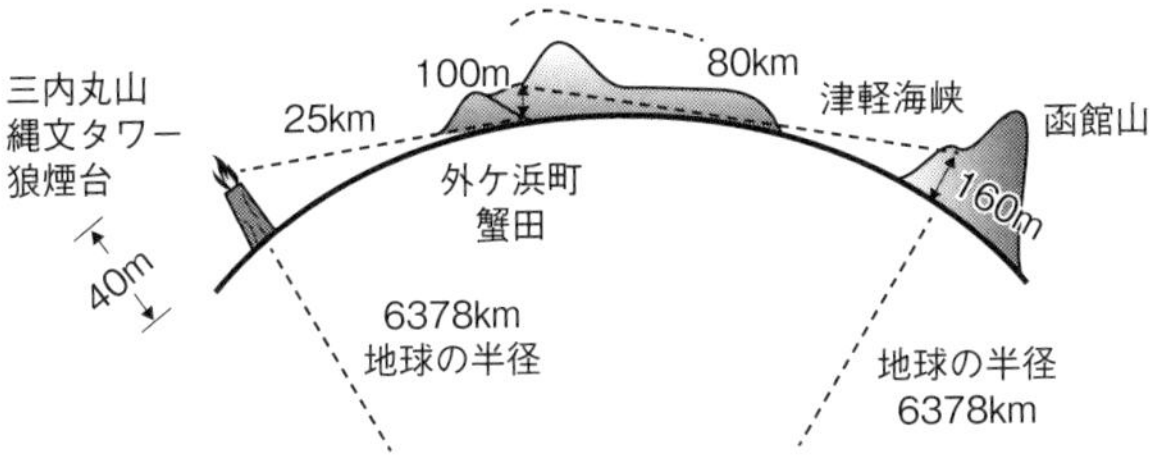

図1-4　地球は丸い、北海道までつないで届けた狼煙

煙を上げれば、北海道の福島、知内《しりうち》、木古内《きこない》の集落すべてに伝わる。このように津軽海峡を越えて簡単に狼煙は届くのである。おそらく、そのあたりにリレーの役割を果たした狼煙台があると思われる。

福島町教育委員会の鈴木志穂学芸員によれば、江戸時代、福島町には狼煙台があった。松前藩の出先機関が町内吉岡村にあり、伝達用の狼煙台を用いて、青森側の竜飛崎《たつぴざき》との間で通信をしていたという。松前藩の船がその付近で遭難が多かったためであり、近世までこの海峡越えの狼煙はあったそうだ。

縄文人の視力がアフリカのマサイ族と同程度八・〇〜一〇・〇であれば、漆黒の闇夜に三メートルの高さの炎を上げれば、問題なく伝えられたと考える。

北海道からおよそ五日でやってきた

世界遺産三内丸山遺跡を中心とした一七ヵ所のネットワークのキモの部分は、津軽海峡二〇キロメートル（最短距離）の渡海であると考えている。

縄文史の権威、小林達雄氏も、北斗市の学芸員時田太一郎氏も、北海道から本州には簡単に渡れたという。私も二〇キロメートルの距離は半日で渡れたと考えるので、彼らのいう通りだと思う。季節は、命の危険がない春から短い夏のあいだであろう。年に数回、いや十数回程度の航海は、狼煙の合図で集まって渡った可能性はある。

約束事で集まって、船団として西から東に一〜三ノットの強い流れ（津軽暖流）に任せて宇宙遊泳のように渡ったと考える。出発点は、松前町、そして福島町、木古内町あたりで、そこから漕ぎ続け、五〜七時間ほどで渡海したのではないか。ただ、函館から木古内町あたりまでは、一日掛かったのではないだろうか。

その付近から普通に漕げば、竜飛崎先端付近の今別町《いまべつまち》に着くし、津軽半島の外ヶ浜、今別町付近の沿岸に着く。天候や海流によっては、下北半島・鉞《まさかり》の刃の部分の佐井村付近に着く。今別町からは、縄文世界遺産群である大平山元遺跡《おおだいやまもといせき》を経由して蟹田川を下り、陸奥湾に

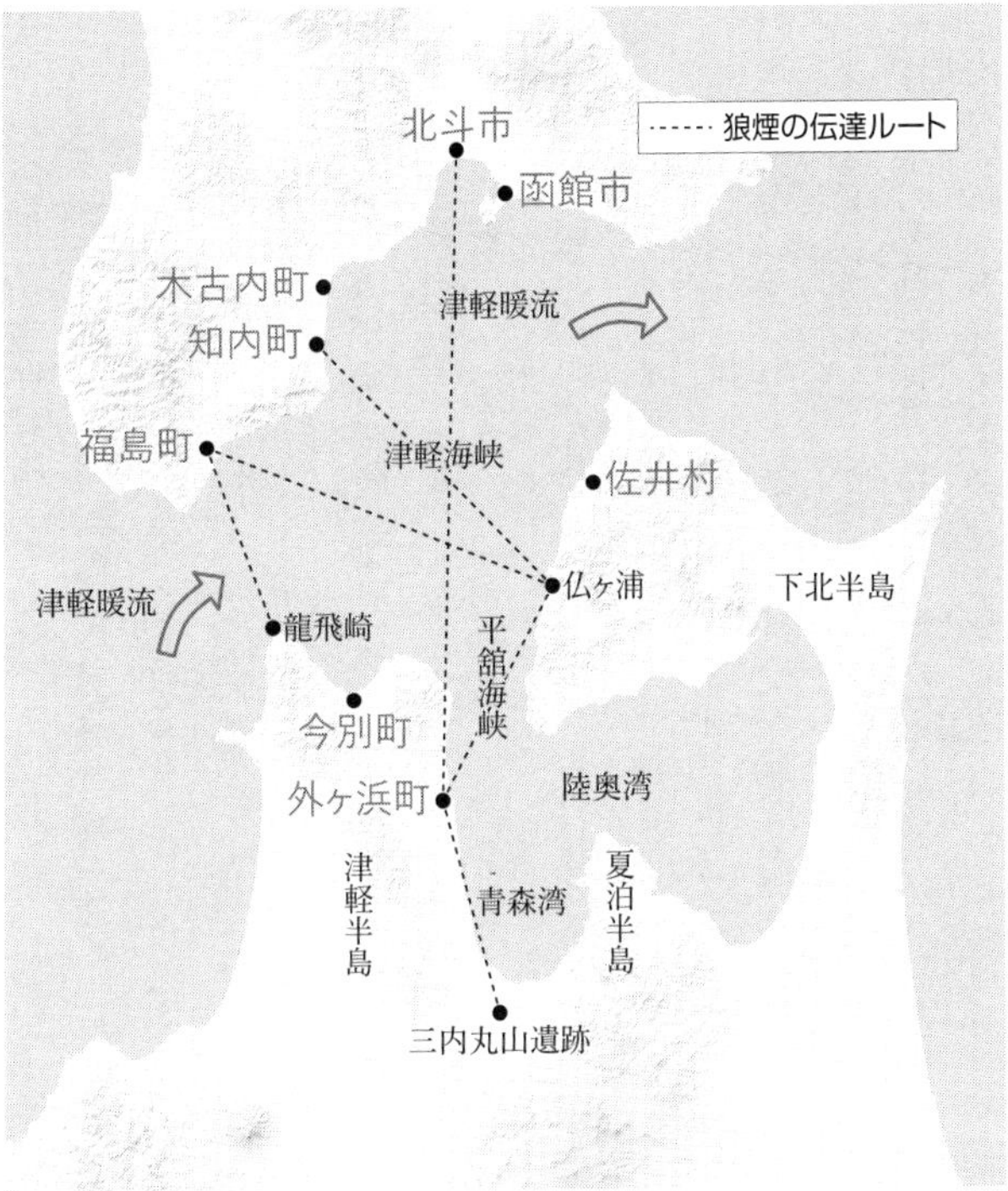

図1-5　簡単に渡れた津軽海峡
筆者作成

入り、三内丸山遺跡に着く。全体で五日ほどの行程であったろう。

また、平舘《たいらだて》海峡から陸奥湾に入るのは潮が速く、崖ばかりで船は危険であったであろう。そのため、内陸を通ったと考えられるが、海峡には青森湾側に反時計回りに大潮時最大一ノットの潮があり、これに乗って入ったとも考えられる。だが、津軽半島の東側には崖が続き、つなぐ集落がないので、断定は難しいところである。帰りも今別町付近から出発したのではないか。今別町役場によれば、町役場の西に二つほど縄文集落の包蔵地（遺跡などの文化財が埋蔵されている土地）があるという。その付近から天候を見て出発したのだろうということ。

福島町、木古内町、北斗市などの各市町村から船が出たようだ。まあ、一週間あれば市にたどりつけたのであろう。

福島町、木古内町、北斗市などの津軽海峡に面した北海道側の市町村の遺跡には、糸魚川《いといがわ》のヒスイが数多く出土している。その地の某資料館に「ここには津軽海峡を渡った北陸のヒスイがある。すごいことだ！　世界遺産に認定されてもおかしくない」と言うと、北海道新幹線工事のとき路線上に縄文遺跡が数多く発掘されたと教えていただいた。津軽海峡を渡る青函トンネルも夢があるが、函館北斗までの北海道新幹線の陸上部分は、糸魚川のヒスイの上を走っている。大変ロマンがある新幹線で、今後の発掘調査にも期待できる。第二、第三の三内丸山遺跡がこの辺りから登場してくるかもしれない。

写真1-2　吉野ヶ里遺跡の弥生タワー
著者撮影

同じ塔でも、施工できない吉野ヶ里の塔

一方、吉野ヶ里の弥生タワーは古代の技術では復元できない。三内丸山遺跡の縄文タワーは見事にツタや植物繊維で編んだ昔ながらの姿に復元されていた。**写真1-2**は弥生時代にできた吉野ヶ里遺跡の物見台であるが、立派過ぎる。弥生時代だから技術の進歩はあったものの、柱の貫《ぬき》穴に梁が通され楔《くさび》が打ち込まれている。四面

すべての柱に貫がある見事なつくりである。

筆者は建築史を学んではいないが、構造物をどうつくるかはある程度知っている。縄文時代には貫穴構造はあったという。富山県小矢部《おやべ》市の縄文時代中期（今から四千年前）の桜町遺跡から貫穴や栈《えつり》穴と思われる穴が空いた木材が発見されている。高床式の建物に使用されているのではないかといわれている。吉野ヶ里のタワーはどうか。専門家の意見を聞いてこの貫穴構造のすばらしい構造物を復元したということだが、復元された貫穴の構造をつくるのは、現在の技術でも難しい。鉄骨なら簡単であるが、木材は難しい。

一つの面が三本の柱、三本の梁を持ち、対称をなす二つの格子状構造の軀体《くたい》（建物を支える構造部材）については、それぞれ現場の平らな面で仕上げることができる。次に左右同時にクレーンで支えながら、足場の上で微妙な位置決めし、横の梁を十数人で持ち上げ三本同時に差し込む。左右の面を平行に立て、そこに梁を通す方法を、人力だけでどう実現させたのか？　当時のロープだけでは微調整ができない。同時で差し込まないと柱は割れる。足場をどうするのかわからない。

周りの小屋とはまったく技術が違うのである。この主柱に梁を貫通させるには鑿《のみ》が必要であるが、どんな道具を使ったのか興味のあるところである。

楔を差し込み、下部工（下部構造の工事）は完了したとしよう。それから望楼部分に着工する。天井部分の重い梁もどのようにつくったのか。自分が載っている床は張ることはできない。足場だけではない。これは図面を引かなければできない。文字があったのか？　疑問は尽きることがない。

紙も筆もない、古代の技術は「現場合わせ」が基本条件である。CGで表現でき、クレーンを使ってできるが、当時の技術では施工できない。少なくともこれだけはいえる。想像力を働かせて再現したが、古代の技術で建設できなければ嘘になる。

神社仏閣ではできて、ここではなぜできないという質問が出るかもしれない。神社仏閣とこの塔では、まず基礎が違う。専門的になるが柱を土に埋めるとびくとも動かない。一方、神社の場合、柱は石の台（柱を支える礎盤石《そばんせき》）の上にピンの状態で載るので傾きを微調整でき、貫を入れられる。

◆プロジェクト2　古墳時代・「河内・大和大運河」

多くの先達が発見していた運河

私は十年前に大阪南部の百舌鳥・古市古墳群の地形とため池群を見たとき、これは運河とため池のための土砂処分跡の塚ではないかと直感的に思い、同じような疑問を持っていた人がいたのではと捜した。そうしたところ、すでに半世紀以上前に発見した人がいた。いまから六十年前に橿原《かしはら》考古学研究所の秋山日出雄《ひでお》氏が、航空写真から藤井寺から西の百舌鳥古墳群のほうに延びている溝があることを指摘し、これを「古市大溝」と名付けた。

さらにその後、平成三年（一九九一）、飛鳥時代に開削されたと思われる幅一〇メートル、深さ三メートルもの大溝跡が発見され、「丹比《たじひ》大溝」と命名された。その他、多くの方が水路の存在を論文に書いている。

五世紀初頭に、河内からヤマトまで四〇キロメートルの運河を掘った組織があるのだ。それは堺の百舌鳥、藤井寺の古市そして馬見《うまみ》古墳の三つの古墳群の主たちと考える。常識で考えれば、当時の水路は道のようなもの、奈良盆地との交易のために掘ったのである。

古代における奈良盆地の水位

筆者は川の研究者ではないが、大和川の形状はこの千五百年間で大きく違っているのではないかと考える。すなわち、利根川水系、木曽三川を見てもわかるように、短くて急なこの国の河川は、当然古代と現代では川の形状が大きく違っているはずである。しかし、当地の専門家は大和川の水位は古代から変わっていないという。史料にその名が現れている亀岩の位置が動いていないからだという。私は信じることができなかった。かなり議論したが説を曲げられることはなかった。

運河について正しく把握するためにはとりあえず、五世紀前後の奈良盆地の河川の水位（標高）を知らねばならない。それは古墳や遺跡にヒントがある。湖があったならば、湖の水位がもっとも低いはずで、それより下に遺跡はない。そして、古墳や縄文、弥生の遺跡は全国ほとんど川や湖の傍《そば》である。傍といっても洪水が起きる場合、岸から数メートルは上にある。

まず、亀の瀬渓谷（四五ページ図1－7参照）に近いところにある二つの古墳を調べた。一つは大和川の多くの支流が集まるところの島の山古墳（川西町：五世紀初頭）。もう一つはその下流の河合大塚山古墳（河合町：四世紀末から五世紀後半）である。両古墳がつくられた地盤の高さは、ともに四〇メートルである。ちなみに、河合大塚山古墳から蘇我川を遡《さかのぼ》ったところにある前述の馬見古墳群（代表的な古墳は巣山古墳）の周辺は、四五メートル程度である。それでは、もう少し前の弥生時代の遺跡はどのあたりまで水面上に顔を出していたか。弥生中期・紀元一世紀ごろの環濠遺跡で有名な、周りにクリークが張り巡らされている唐古《からこ》・鍵《かぎ》遺跡（田原本町）の標高は四八メートル。当時の遺跡は、今の地盤よりは数メートルは低かったであろう。結果、河合大塚、島の山両古墳が最も低い。

プラスマイナス数メートルの誤差はあるが、五世紀頃は奈良盆地では、標高四〇メートル付近までは水に浸かっていたと考えてよい。その付近の標高まで水を湛《たた》える湖があったという仮説が成り立つ。当時、付近に比してもっとも標高が低く、かつ遺跡が広い範囲に亘って発見されていない地域は水を湛えた場所であったと見なして差し支えない。地理学の知識に基づけば、そのように考えることができる。

次に国土交通省の現在の大和川水系河床断面図を見ると、河合町、王寺町付近は標高三〇から三五メートルに川底がある。農業用水、上水道などに大和川の水は取水されて川の水位は下がり、古代とは違っている。古代は現在の川底から五から一〇メートル高い。まずそこから水路を考えてみよう。そこが出発点である。

亀の瀬の標高四〇メートル地点に堰があった

亀の瀬に堰《せき》があったらしいことは、大阪府柏原《かしわら》市にある「亀の瀬地すべり歴史資料室」の資料で工学的に説明していた。詳しく第六章で説明するが、結論から先に言おう。有史以前から常に標高四〇メートル付近に土砂が盛り上がり、自然の堰（川の流れを堰き止める土塊）ができていた。亀の瀬の入口の三郷《さんごう》駅と対岸の王子町では山が迫り渓谷になっている。現在の標高は三〇メートル程度である。大昔は、地滑りで土砂が盛り上がり、現在よりおよそ一〇メートル程度標高が高くなって自然のダムになっていたと仮定した。そしてダムに水が貯まったのだ。この事実は後のある出来事で証明された。

紀元前前後の時代もおよそ四〇メートル強で維持してきたと考える。縄文時代の遺跡もその水位以下にはないことを考えれば、もっと前からこの水位であったと考えられる。したがって、古代の奈良湖の姿は乙巳《いっし》の変の時代も藤原京があった時代も口絵2に示す姿であったのだ。

舒明天皇の「国見の歌」の奈良湖

当時の人々が意欲的に運河を掘ったのは、大きな利益があったからだ。その先に湖があったからである。

舒明天皇《じょめい》（在位六二九〜六四一年）が詠んだ歌が万葉集にある。国見の歌といわれる歌である。

「大和《やまと》には、群山《むらやま》あれど、とりよろふ、天の香具山、登り立ち、国見をすれば、国原は、煙《けぶり》立ち立つ、海原は、鷗《かまめ》立ち立つ、うまし国ぞ、蜻蛉島《あきづしま》、大和の国は」

現代語訳は、

「大和《やまと》にはたくさんの山があるが、特に良い天の香具山に登って、国を見渡せば、国の原には煙があちこちで立ち上っているし、海には、鷗《かもめ》が飛び交っている。本当に良い国だ、蜻蛉島の大和の国は」。

私は以前からこの歌が気になっていた。海のない奈良県の真ん中でこの「海」とは何を指

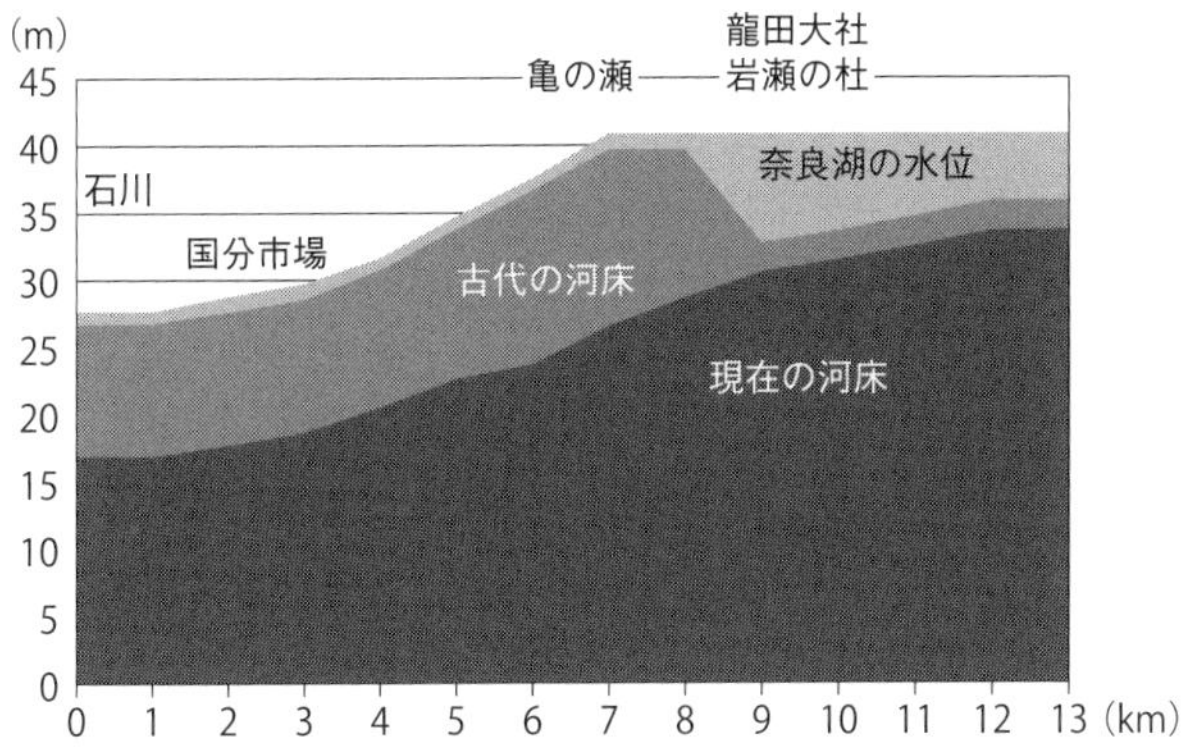

図1-6　大和川の現在と古代の河床

すのか？　そして、カモメが飛び立つとはどういう景色か？　琵琶湖を海と見たのか、「うまし国」はどんな時代か？　その数十年前、小野妹子とともに裴世清《はいせいせい》が訪れた「乙巳の変」の直前の風景であった。どの程度の水位の湖だったろうか。調べようと思い立った。

その図を描いたのが口絵2ページの奈良湖である。

古代の河床は一〇メートルほど高かった

図1－6の濃い色は現在の地盤（国土交通省の大和川整備計画の河床高）で、上の色の薄い層は想定できる古代の河床である。この薄い色の部分の河床は近世まであったが、後述するように片桐《かたぎり》且元《かつもと》などが滝を切ったことで突然流れ出し、江戸

時代半ばにはすべて流れ、そのときに運ばれた土砂により大阪平野がさらに広がったと考えられる。そして大和川の現在の状況をつくったのだろう。

舒明天皇の国見の歌から半世紀後、壬申《じんしん》の乱が終わって三年後にようやく大和川支配を宣言した。だがその時から、何らかの原因で、滝が後退して水位が下がり始めた兆候があったと考えている。

古代の河床は現在より約一〇メートル以上も高く、川幅も広かったと考える。つまり、現在の河内堅上《かたかみ》付近にV字谷はなく、水は現在の国道二五号線の高さとほぼ同じ高さを流れ、柏原市にあった国分《こくぶ》市場に船をつけることができた。川幅があり、その付近に国分寺や田辺廃寺など多くの寺があったことが、柏原の繁栄ぶりを示している。

河内・大和大運河のルート

私は、堺市の石津川を起点に、松原市から西除川《にしよけがわ》、東除川《ひがしよけがわ》と交差しながら羽曳野《はびきの》市、藤井寺市を通り、柏原市で石川や大和川の合流点を越え、大和川を遡り大和盆地の河合町の廣瀬大社付近まで結ぶ運河を考えてみた。

起点は石津川の河口、その後乳岡《ちのおか》古墳、履中《りちゅう》天皇陵に揚げて、そこから水路の標高を大

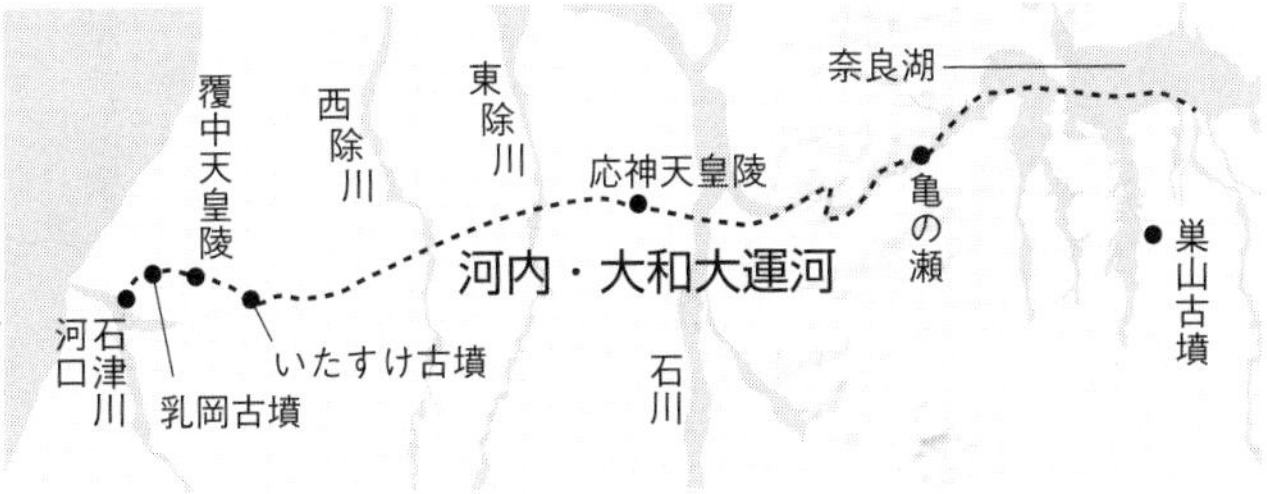

図1-7　河内・大和大運河のルート
筆者作成

雑把に描いた。石津川河口から廣瀬大社まで約四〇キロメートルである。

古代の泉北丘陵の微小な地形の変化は絶えず変化するが、五世紀ごろの大和川のルートにV字谷の痕跡があり、地形上現在と同じとした。

運河の水位がポイントとなる。湯川清光氏が「南河内の運河網」（「農業土木学会誌」第52巻第10号、1984年）でしっかり書いている。それを要約すると、五世紀から七世紀に古市大溝など複数の大溝がつくられ運河になった。これらの運河の水位を総合的に考え二五メートル程度と考えている。この考えは私の想定と一致している。

まず、最初に二〇メートル（履中、いたすけ古墳）と泉北丘陵の上の標高の高いところをよじ登って水路がつくられている。ここではコロとロープで上に荷を引き上げる。このいたすけ古墳からの標高のままで船で進めば、藤井寺、柏原を越え、大和川を上り、明日香まで船を上げることができるのである。私の計算では約二〇〇〇分の一程度の勾配で船は進む。現在の淀川や荒川の勾配と同じ程度で大和川を経て奈良盆地まで上れたのである。

百舌鳥から古市までの地形を観察すると、水路はまっすぐ掘削というより、でこぼこ、ジグザグに水路を繋いで、人力で均すべきところを均したと考えるべきであろう。多くの労働者と作業船が浚《さら》った土を運ぶために従事した。河川の堆積する土砂の作用で、当然ため池は次第にいびつになっていった。したがって、私が描いたこの水路は絶えず位置が変わったと思料される。

維持するのに苦労した運河水路

飛鳥時代の丹比《たじひ》大溝のような幅の広い水路は必要ない。運河の傾きがほぼ水平に近く、小さな灌漑用のため池（深さは一〜二メートル）をつなぐだけでよく、建設は難くなかった。水位差が小さいので、近世大和川の付け替えで使われたような精緻な樋門《ひもん》は要らなかった。

百舌鳥古墳群、古市古墳群と馬見古墳群から奈良盆地までを、古代の水路が結んでいたのである。一番上流の奈良県広陵町の馬見古墳群の巣山古墳の周濠部に大型船の遺構が発見さ

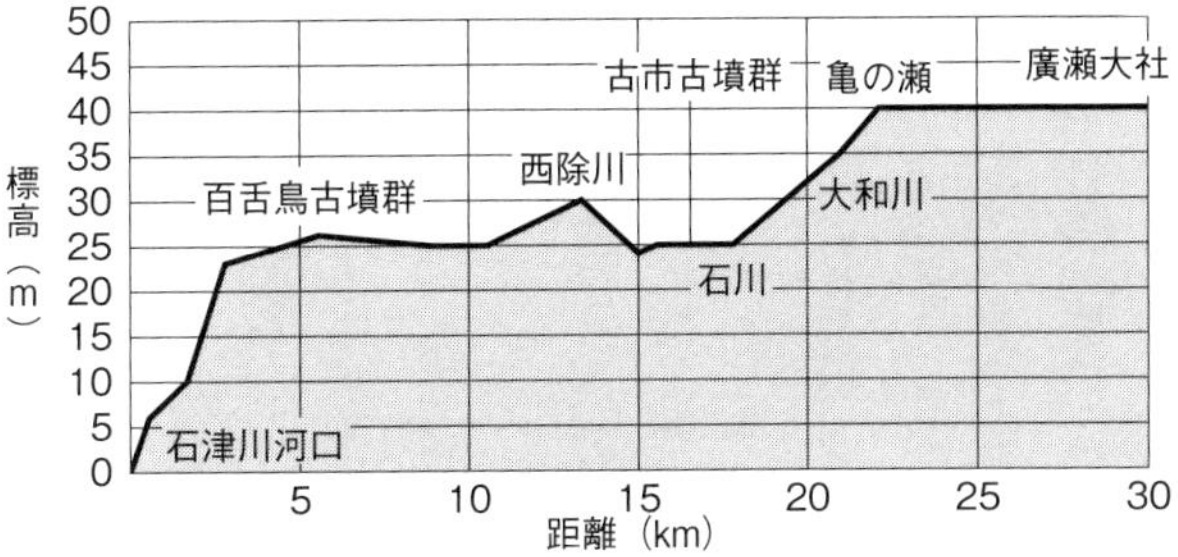

図1-8　河内・大和大運河の縦断図（水面）

れているので、ここまで船は上ったと推測される。

土木工事を共に行なったことで三つの古墳群が連なったのだろう。二、三日で海から奈良盆地までモノが運べる水路をつくったのである。

ただ維持に手間がかかった。頻繁に起こる西除川、東除川の洪水は土砂を運んで水路を埋める。この土砂を浚って水路を維持した。土砂は船で運ばれ古墳に積まれた。維持浚渫《しゅんせつ》だから絶えず土砂が溜まる。水路を利用し始めてから二〇〇年以上の土砂は百舌鳥古市古墳群の古墳をつくるには十分な量である。

巣山古墳にも大型船が見つかっている。死者を送る殯《もがり》船だそうだ。しかし私はそうではないと思う。実際にゴリゴリ底を擦りながら古墳づくりに働いた船であったことは間違いない。

この運河を旅すると幾つかの疑問が解ける。堺市と藤井寺市周辺にだけ古墳が集まっている理由がわかる。**図1－8**からもわかるが、中央を貫く西除川が常に暴れ、土砂が溜まる。その溜まった土砂を両側に運搬した。そして、そこを古墳にしたのだ。ところが、七世紀運河が閉鎖され、古墳時代も終わった。その結果、土砂処分に困ることになった。

当時はため池が埋まる、水路をあふれさせることで意図せずに水が制御されていた。現在のような堤で水を止めるという発想はなかったと思われる。

豪族たちが互いの利益のために協力した

大仙陵古墳は長さ四八六メートル、高さ三五・八メートルと世界一大きい陵墓とされ、その大きさゆえに二〇一九年世界遺産に登録された。この世界一の巨大な古墳を造成するためには、膨大な労働力を要したと大林組がシミュレーションしている。

それによると、古代工法で作業員一日二〇〇〇人として六八〇万人、工期は十五年八カ月(「季刊大林No.20『王陵』」大林組、一九八五年)である。私は、埋葬のためだけにこの塚をつくったわけではないと前から主張していた。湯川清光氏も「灌漑用水を維持するため、浚渫土を浚ってより大きな塚をつくる。ある程度つくって、次の山(古墳)をつくる。その結果、古墳になった」と語っている。多くは大王の墓であろうが、一度につくったわけではなく、時間を掛けて河川の維持浚渫土で造成したのである。その運河の水は灌漑用水になり、豪族たちの利益となった。さらに私は古墳の上で市を開いたのではないかと考えている。そのために当時は洪水の被害が比較的少なかった石津川、石川の近くに置いたと考える。

私が作成した縦断図ではもう一つ、亀の瀬が盛り上がっているが、千年以上前の大和川は現在考えられる河相とはまったく違う。そこに堰があった。詳しくは後述する。ただ、河床勾配は前に述べた範囲に入っていると考える。

半島の戦争が終わり、運河も終わった

六世紀の末に古墳時代は終わる。半島での戦争が終わって古墳での大量の鉄取引が終わり、運河も必要なくなった。灌漑用にこの運河は使われてきたが、浚渫する作業は続けなければならなかった。今までの水循環システムと土砂処分方法を変えざるをえなくなった。

そこで根元に大きなため池をつくって灌漑をする方法が導入された。狭山池である。六一六年、推古天皇の時代に南から北に流れる全長五〇〇メートルの堤防をつくり、それまで自由に流れていた西除川を堰き止めたのである。これが狭山池の始まりである。これについて

改めて説明する。

◆プロジェクト3　奈良時代・新都をつくった水プロジェクト

水で失敗した藤原京と平城京

天武天皇によって、唐の長安に模した藤原京が六七六年につくられ、続いて元明天皇によって七一〇年に平城京に遷都が始まった。中国の最新の土木建築技術が導入され、碁盤の目の道路がつくられたことが知られている。

さて、藤原京は、奈良県橿原市と明日香村にかかる都で奈良湖とは一番離れた地域である。それはなぜか。壬申《じんしん》の乱で天武天皇が勝利した直後であり、外患を防御できる盆地の一番奥に都をつくったと考えられる。その結果、舟運の便が悪くなった。結果、平城京に遷都されるまでの時間は短かった。さらに平城京に七一〇年に遷都されてからも、恭仁京《くにきょう》など幾つもの都を転々とし、平城京に落ち着いたのは七四五年のことであった。その後七八四年、長岡京に遷都されるまでの少なくとも三十九年間は、平城京が政治の中心地であった。

平城京は、物流面では北側に淀川から大阪湾に抜ける木津川と接し問題なかったが、飲み水の確保が難しかった。最盛期には一〇万人以上の人々が暮らしていたが、水源は佐保川一つであったため、生活排水による汚染が進み、疫病がはやりだした。井戸は枯渇し、汚染され、たちまち糞尿まみれの街になってしまった。碁盤の目の道路をほどよく洗い流すような水が必要であった。中国の外形上の模倣だけの都市計画では無理があった。水をコントロールできなかったと考える。

難波京をあきらめた理由

神崎川は現在は摂津市から大阪湾を結んでいる淀川水系の二一キロメートルの一級河川である。延暦四年（七八五年）四月、時の摂津職和気清麻呂《わけのきよまろ》が淀川治水のため掘削を行ない、現在の神崎川の一部となった。後に言及するが古代において川に手を加えればすぐに「治水」という言葉が出てくるが、これは治水の工事ではない。運河の工事である。

七八四年に平城京から遷都された長岡京への物流路を確保するための工事である。詳しく当時の淀川河口の姿を見てみよう。

この時代から百年前に、時計の針を戻してみる。当時の大和朝廷では大阪湾口に港をつくるか否かをめぐる大きな政争が起きていた。蘇我氏が日本海交易と大和川水系の交易路を独占していた時代である。大和朝廷はどうしても瀬戸内海に進出したかった。乙巳の変（六四五年）で蘇我氏を倒したあと、朝廷はすぐに上町台地、現在の大阪城付近に都をつくり始めた。前期難波宮である。六八六年に焼失してしまったが、その後も難波京に挑戦した。

私は、もともとこの台地先端で、港を備えた中国風の都を建設することは当時の技術では難しかったとみている。中国風の港については第三章で説明する。

大阪城のすぐ南西にある法円坂《ほうえんざか》遺跡は、六世紀頃まで機能し、巨大な港湾施設があった。やがて、大和川の土砂が淀川本流に迫り、上町台地の先端部に迫るようになった。難波の堀江、難波津《なにわづ》などの工事が行なわれたとされているが、押し出される土砂で圧迫された河口部で波が荒れ、この港の機能維持が難しくなった。

激しい潮の流れだけでなく、軟弱地盤にも阻まれた。この大阪の軟弱地盤で杭を打って新しい岸壁や物揚げ場づくりに挑戦しても、その後もすぐに埋まってしまう。潮位差が二メートルほどあり、水が引くと残った水圧によりつくった施設はすぐに崩れた。やがて、港ができない都は放棄された。

繰り返しになるが、当時の技術では、大阪の築港は不可能であった。明治になってからも淀川改修、大阪港の整備はかなり難工事であった。大阪城ができてどうして港ができない。

そんな疑問が出る。それは、地盤が違うからだ。台地上のしっかりした地盤で建てられるものと、軟弱な水際でつくるものは違う。結局、難波京もあきらめて、淀川筋を京都盆地まで上がって、京都盆地に都をつくることを選んだのである。

上町台地先端の波の荒い河口部に近づかないで、なんとか淀川を上るために、副水路（専門用語では側方運河という）として新しい水路を掘って淀川右岸を上ることとした。現在の神崎川の一部である。

和気清麻呂の運河の実像

和気清麻呂がどこからどこまで開削したか記録にない。多くの地図を見ると猪名川の河口から豊中、吹田あたりまで中世まで海であったとすれば、安威《あい》川から淀川までの三キロメートルほどの小さな水路を掘削したと考える。現在の尼崎の神崎から摂津までの一〇キロメートル以上の長い川を掘削したのではない。

大勢の人夫が川筋と並行して小さな溝を掘っただけのもので、淀川の洪水防止ではない。

ちょうどこのころ行基上人が瀬戸内海航路の摂播五泊《せっぱんごはく》を開いた。摂津・播磨の五つの港、河尻（尼崎）、大輪田（神戸）、魚住（明石）、韓泊（姫路）、室生（たつの）である。これで播磨灘から淀川河口まで船でつなぐことができた。

そして、東の起点の河尻（当時の猪名川の河口、現在の神崎町）は京都への淀川水運の出発点となった。河尻を出て長岡京まで、一泊目は淀川との合流点の江口（大阪市東淀川区）である。この付近の干満差は約二メートル、江口付近で潮が止まったのではないか。潮が止まるところには遊郭ができた。摂播五泊では河尻、西の大輪田（現在の福原）、室生にも遊郭ができた。当時は港をつくられたらすぐに遊郭ができたのである。

江口の上流にもう一つか二つ港が必要である。

私は、新たに都を計画している長岡京まで河口から二つか三つさらにつなぐ港が必要であったと考える。船は一日漕いだら必ず休むからだ。

山崎地峡の謎

江口から上流、一〇から二〇キロメートル付近に港がなければならない。淀川の河道に目を向けて探すと、高槻市の三島津がある。

当時、長岡京と淀川の間には山崎地峡という細長い微高地があった。天王山と男山の間に挟まれた場所で、淀川、木津川、桂川の合流地点に当たる。さらにそこを上らねばならない。

弥生時代から古墳時代にかけての、淀川上流の長岡京付近の恵解山《いげのやま》古墳と神足《こうたり》遺跡の標高は二〇メートルほどある。そして山崎地峡を下りてすぐ、高槻市の境にある弥生遺跡の上牧《かんまき》遺跡と陣内（古代の淀川の氾濫原）は標高一〇メートル。これらの遺跡間の距離は近い箇所で五キロメートルであり、河床勾配は五〇〇分の一で急流を遡《さかのぼ》ることになり、手漕ぎ船では上れない。川底をごりごり引いて上る、淀川の難所である。

第二六代継体天皇の時代は樟葉《くずは》が港で、当時は、海抜ゼロメートルであった。山崎からの下りはカヌーのスラロームのように下れるが、上る場合、漕いで進むことは難しかったのである。

大阪府高槻市の安満《あま》（三島江）遺跡から右岸を通って京都へ、樟葉から左岸を通って京田辺、宇治、奈良へ、荷駄を馬で運んだ。今城塚《いましろづか》、恵解山の古墳には馬の埴輪《はにわ》が数多くある。『日本書紀』に継体天皇と馬飼とのつながりが記されているのは、馬による荷駄の運送を支配した天皇であったからだろう。

だが、高槻から長岡京までどのように船を揚げたかについては、まだ謎が残るのである。

◆京都・伏見の標高はなぜ一〇メートル下がったのか

江戸時代の伏見港の水面は標高一一メートル

古代史からは少し離れるが、山崎地峡の歴史を追ってみよう。現在は標高四メートルであり、自然が生んだ障壁はほぼ失われているといえる。なぜ、山崎地峡はなくなったのか？実はこの宇治川・木津川・桂川の合流地点の地形がすっかり変わってしまったのは、豊臣秀吉が行なった工事が大いに関係しているといえる。水運の歴史にとって非常に重要でありながらあまり知られていないことであり、順を追って述べていきたい。

以前、京都府宇治市の京都大学防災研究所の近くにある三栖《みす》の閘門《こうもん》を案内してもらったことがある。

昭和初期、京都の街を水害から守るため、堤防が造られた。一九二二年（大正一一年）に宇治川右岸の観月橋から堤防工事が始まり、宇治川と伏見港が分離され、宇治川の河床がかなり浚渫《しゅんせつ》されたことで、段差ができたという。そして一九二九年（昭和四年）、宇治川と濠《ほり》

写真1-3　戦時中の伏見港と三栖の閘門
出所：『写真でみる京都100年』（京都新聞社）

川《かわ》との四～五メートルほどの水面差を調整し船を行き来させるため、この三栖の閘門ができた。

江戸時代から造られている伏見の酒は、昭和初期からこの閘門を通って大阪に運ばれるようになった。往時は蒸気船や石炭の輸送船など年間二万隻以上が通航していた。

この閘門の高瀬川側の水位は、宇治川すなわち江戸時代から栄えた昔の伏見港の水位と同じということができる。

いまはどうかわからないが、私が現役の時代、海のない京都市には港湾を管理する組織があったと聞いている。それは伏見港があったからだという。

安土桃山時代の巨椋池の水面は標高一四から一五メートル

もう少し時間を遡る。『信長公記』によれば、元亀四年（一五七三）に織田信長に反旗を翻した将軍足利義昭が真木島《まきしま》に陣を構えた。また、天正五年（一五七七）、雑賀《さいか》（和歌山）攻めの際、尾張、美濃の東国の軍勢はその真木島を渡渉し行軍したという。この状況から、真木島が中洲のような島であったことが推察できる。ではそれはどこか。現在の宇治川左岸のJR宇治駅に近い宇治市槇島町である。現在の標高は一四メートル、当時その付近まで、現在は干拓で失われた巨椋池《おぐらいけ》の水面、言い換えれば宇治川の水面があったことになる。

その翌年、信長が中国攻め準備をして播磨に滞在していたとき、天正六年（一五七八）五月十一日から京都では大雨が三日三晩降り続き、洪水が起きた。賀茂川・白川・桂川の付近一帯が水に浸かってしまう。京都の小路という小路は水路になり上京《かみぎょう》の船橋の町や四条の橋も流され、信長軍は調達した数百艘の舟で移動したという。四条は現在の河原町付近で、かなり上流である。ここまで洪水があったのは現在では信じられない状況である。

だが、一ヵ月後の六月十四日には祇園祭が催され、信長はこれを見物している。水の引きも早く、前に述べたが家々はバラックであり再建も早かった。水はすぐにあふれたが、すぐに引いたのである。

この時代、伏見に重要な微高地ができた。後に伏見港になる島である。秀吉は宇治川を望む丘、桃山に伏見桃山城をつくったが、さらにその西側の湿原の中の微高地に伏見港をつくった。のちにそこから京都市内を結ぶ運河・高瀬川を開削した。これにより、京都中心部と大阪が高瀬川・宇治川~淀川によって結ばれることとなった。

また、その伏見港と桃山城を結ぶ線上に別の砂洲ができ、そこを遊廓にした。現在京阪電鉄の駅がある中書島《ちゅうしょじま》である。川の中だが、歩いて渡れる砂洲に港と遊郭をつくったのだ。現在の標高はといえば一五メートル、前に述べた巨椋池から浮びあがった、JR宇治駅近くの槇島とほぼ同じである。

この巨椋池の西の端を見てみよう。一五七一年に織田信長の命を受け、細川藤孝（幽斎）がつくり、本能寺の変の一年前信長に献上した勝龍寺城《しょうりゅうじじょう》がある。そして、翌一五八二年、この城のすぐそばで秀吉と明智光秀の天下分け目の戦い、山崎の戦いがあった。

それぞれの遺跡や戦場の標高を注意深く見ると面白いことがわかる。神足遺跡は標高一九メートル、恵解山古墳は二〇メートル、勝龍寺城は一九メートルとほぼ同じ。そして、山崎の戦いの戦場の中心となった小泉川と小畑川周辺の標高は少し低く、一五メートルから一七メートルである。淀川の河原に広がって戦ったという記録がある。これらの遺跡は淀川の河原とつながっていた。全体を見れば標高一五メートルは前述の巨椋池の標高とほぼ一致する。

平安時代、古墳時代は二〇メートル

さらに歴史を遡ろう。一一八〇年、平清盛が、高倉天皇を厳島にお連れした旅路の記録がある。『高倉院《たかくらいん》厳島《いつくしま》御幸記《ごこうき》』である。清盛一行と京都の御所を出られた上皇は、どこから船に乗ったのか？　深草（伏見区北部、伏見稲荷大社がある）から小舟を出して、宇治川を下って、大輪田泊で御座船に乗り換えている。すぐ西を鴨川が流れ、その辺りまで巨椋池が広がっていたと想像する。深草辺りが船を出せる水辺、巨椋池の北端であった。現在の深草西浦の標高を見ると一九から二一メートルである。

さらに古墳時代はどうか。水面は古墳より低いことは間違いない。

三世紀から五世紀古墳時代に遡って考えよう。三世紀前半の古墳時代前期の京田辺市の古墳（大住《おおすみ》南塚《みなみづか》古墳）の基部が二一メートル、瓦塚《かわらづか》古墳（宇治市）の基部が二三メートル、それより高い水面は考えられない。

前述したが、長岡京市には恵解山古墳（標高二〇メートル）の近くに、前に述べた弥生時代の遺跡・神足遺跡がある。こちらは標高一九メートルだ。

そして現在、ＪＲ奈良線が桃山駅から宇治駅まで標高二〇メートル付近の山裾を大きくカーブして走っている。ＪＲはどこでも、昔湖や潟であった軟弱地盤を避けて線路を敷設している。

このように時代によって水位が変わっていったが、そのことを気にする人は少ない。

京都と奈良は巨椋池や木津川でつながっていた

水深一八メートル前後で巨大な湖である巨椋池の周りの丘陵に、前述の恵解山古墳（長岡京市）、二子塚《ふたごづか》古墳（宇治市）、久津川《くつかわ》古墳群（城陽市）、大住車塚《おおすみくるまづか》古墳（京田辺市）など、数多くの古墳がぐるりと取り囲んでいた。土砂が堆積し、当時の地盤より一、二メートルは高くなっている可能性もあるので、大雑把にみておよそ水面は標高二〇メートル程度であろう。

これらの古墳を中心として、この湖の舟運ネットワークをつくっていたのである。漁業も行なわれていたという。

その線をたどれば、少々出入りはあるが京都市内の南西、阪急桂川駅付近から南区の吉《きっ》祥院《しょういん》を通り、九条通りを西に向かう。そして宇治市のJR奈良線、城陽市、京田辺市付近の木津川まで湖に包摂されていた。巨椋池は今日の京都南部の街中の半分を飲み込んでいた巨大な湖であった。和気清麻呂の運河はこの湖につながっていた（口絵4）。

そして、木津川を少し遡ると椿井大塚山《つばいおおつかやま》古墳（木津川市：標高五四メートル）につながる。丘を越えて、ホケノ山古墳（桜井市）、黒塚古墳（天理市）と奈良盆地の古い古墳に沿って、水路を辿れば初期の大和政権発祥の地とされている纏向《まきむく》に到達する。当時は現在とは違う沼や緩やかな流れでつながっていたと考えられる。

古墳の副葬品は半島由来のものである。丹後から巨椋池、木津川から奈良盆地とつながっていると考えるのが常識的な考え方であろう。したがって前方後円墳の制度（スタイル？）変更も、この巨椋池から始まったと考えるのも妥当かもしれない。

近世の水位低下をもたらしたのは太閤秀吉

巨大な巨椋池を堰き止めていたのは山崎地峡の自然の岩盤であった。前述したように、山崎地峡は天王山と男山の間に位置し、現在標高四メートル、地峡は消えているといってよい。近代の浚渫で掘り過ぎて地峡はなくなったのである。以前は現在よりも一五メートルほど高かったと考えられる。地形的に、川の流れを堰き止める堰は昔からここしかない。巨椋池と対でこの地にあり、周辺の地形を形作ってきた。

地理的に判断すると、琵琶湖から流れる水量は一定であり、太古から瀬田川（淀川の滋賀県内での名称）の河床が大きく削られることはなかった。ところが、三重県の伊賀、京都府南部を流れる木津川では開発が進み、いつしか大量の土砂を流し始め、巨椋池を埋めながら山崎地峡を乗り越え、当時の淀川河口に達した。その土砂流出が地峡の基岩層を徐々に削っていった。そのことは地図からみてもわかる。木津川が宇治川（瀬田川）の流れを北に押し出し、桂川を西に追いやっている。

足利健亮『地図から読む歴史』（講談社）には、秀吉が巨椋池より上流にあった宇治橋を撤去して巨椋池を縦断するように小倉堤を築き、新しい大和街道をつくり、伏見に直結させたと宇治市の資料『宇治里袋』にあることが記されている。さらに同書は、伏見港の前面と船の航路に土砂が堆積しないように、すなわち、宇治川の流れをよどむことなく流すために槇島堤と淀堤を築堤したという技術的に重要なポイントについて指摘している。文禄三年（一五九四年）の事業である。これらを総称して太閤堤という。

江戸時代の伏見から河口（大川河口、大阪市毛馬《けま》）までの距離は三五キロ、築港時の伏見港の標高が一四メートル、当時は二五〇〇分の一の緩い勾配で船が上り下りできるようにした事業であった。下流の太閤堤も、舟運のための導流堤（河川などの流路を安定させるために設けられた堤）であった。

宇治川右岸の屈曲部の太閤堤については洪水時の流れを直接伏見港に当てないように微妙な水制（水の勢いを弱めたり、流れの向きをコントロールするために設置される河川の工作物）の役割を果たしている。治水といえば、治水であるが、舟運のための導流機能も併せ持った構造物と考える。

当時の港も川の施設は柔らかい頭脳でうまいバランスを考えて造られたのである。宇治港に土砂を淀に堆積させないよう、洗掘《せんくつ》を受け流されないように宇治川の流れを調節したのだ。

大阪府の守口市、枚方市の文禄堤《ぶんろくつつみ》の役割も大きかった。この堤は街道であり、舟運路を導く導流堤であった。時々あばれる木津川の流れを制御する目的もあった。これらの堤がなければ、洪水のたびに淀川はのたうち回り、水路が安定しなくなる。船を通すために必要な堤であり、治水だけが目的ではないのである。

土砂の堆積を防ぐために宇治川と木津川の流速を速くした。結果、山崎の地峡は流れ下る土砂によって削られ、巨椋池の水位はさらに下がることになった。

その時代から山崎地峡は低下を始め、最後にとどめを刺したのは昭和に入ってからの河川改修であったと考える。

第二章

技術立国・倭国の実像

◆世界一長い海の交易路

文献に残る倭国

日本の古代史は、中国、朝鮮半島で書かれた歴史書に基づいて解釈されている。「倭」という文字が中国の歴史書に現れるのは、紀元前一世紀から二世紀、前漢の時代からである。たまたま「漢委奴国王《かんのわのなのこくおう》」の印をもらった名もなき商人がいた。倭国の王に授けると大ごとになった。次に三世紀に『魏志』倭人伝が著された。日本列島は倭国と呼ばれ、そこには邪馬台国があり、女王・卑弥呼がいたと記述される。以降、今日までこれらの国はどこにあったのか議論が続いている。

私は北海道から九州まで多くの遺跡を足で訪ねた。まず、朝貢は国家を代表したものではなく、商売人の頭目の表敬訪問であったと考えている。茅葺《かやぶき》屋根の遺跡を見て、文字のない集落を考えれば、国家が存在したとは思えない。しかし専門家は国家が派遣したと考えてしまった。後に説明するが、当時の日本の航海技術は、数隻の船団で特使が渡れるような技術ではなかった。

　この時代、ほとんどの人が生まれてから死ぬまで自然とともに、花鳥風月、季節の移り変わりを愛で、緑と水に囲まれて生きてきた。移動の手段は、丸木舟か徒歩であり、後に馬が登場する。限られたエリアで、自分の脳の中で理解できる範囲、およそ一〇キロメートル前後がそれぞれの人の生活範囲であったと考える。山の境、川や海が自然に生活範囲を定めていった。理解の範囲を超えた遠くの場所に旅をすることなどはなかったはずだ。渡来の国際商人が来るまでは……。国際商人とは古墳時代にこの国に技術をもたらした多国籍の商人のことを指す、筆者の造語である。

　安全に全国を旅することができるようになる江戸時代までは、日本人の多くは村の中で一生を過ごしてきた。間引きや人身売買など、現在では考えられない非人道的なことも日常茶飯事にあったであろうし、時には飢饉や災害で避難し、離散したこともあったであろう。

　専門家は、中国という違う風土の物差しでもって、国家という概念を我々国民の脳の中に焼き付けている。そこには疑問を持つべきと考えている。たとえば飛鳥、奈良時代になり、中国の条里制（土地区画制度）の都が初の国際都市としてできたといわれている。世の人はこれを賛美したが、私はこの模倣した技術、計画は、藤原京と平城京で説明したように、水になじまず失敗したと考えている。だが、誰もそのことは書かない。技術を深掘りしていないから、外形だけを、文字だけを評価する学問が定着したからだ。

よく考えれば、三世紀の初めまで、全国で出土している様々な遺跡、そして復元したものは、掘っ建て小屋のみすぼらしい集落であり、中国にあるような立派な街ではなかった。以前私は、卑弥呼がいたとすれば日本海の丹後周辺であろうと書いた。なぜなら、この時代から丹後に出土する遺物の異常さから推測して、楽浪郡《らくろう》（漢朝によって設置された朝鮮半島の郡、今の平壌《ピョンヤン》）に朝貢していた可能性がある数少ない国と書いた。しかし、実態は国ではなく技術を持った集落の連合体であった。

『漢書』の「一〇〇余国」の国とは

この列島には、多様な環境変化を克服した知恵のある縄文人がすでにいた。分断された地形にもかかわらず、北海道・北東北から全国に至る広い地域に交易でつながったネットワークがあった。家内工業的ベルトコンベアーが存在したのである。

一世紀から三世紀ごろの倭国を俯瞰《ふかん》すれば、春から夏の、おだやかなときは田畑を耕し、海で漁をし、船が入れば市を開く。冬の農閑期には、玉や首飾りなどの装飾品をつくった人々の集落が、日本海沿岸をものづくりという線でつながっていた。これらの集落群には、夏場に多くの市が開かれたと考える。そして、海が荒れ船を出すことができなかった冬には、この賑わいはぴたりと止まる。

交易で外の世界への窓口を開き、農水産品と自家製装飾品を提供し、原材料や日用品と交換していた。交易の道具は、手漕ぎの丸木舟であった。船団で行動したと考える。船は天候を選び、夜は休む。水のあるところしか進めないのではなく、陸地も舟を曳いて上がった。

遺跡から見ると、集落は一〇キロメートル前後でつながっている。朝鮮半島の慶尚南道《キョンサンナムド》から糸魚川《いといがわ》（河川名：姫川）まで、すなわち、日本海側に朝鮮半島から北陸まで点で続く集落が一〇〇〇キロメートル続いていた。当時、世界一長い海の交易路であろう。一〇〇〇キロメートルを毎日尺取虫のように、一日一〇キロメートル前後で港（浜）をつなぐと一〇〇余国という数にほぼ合致する。中国人のいう倭国、一〇〇余国はこの日本海沿岸の竪穴式住居群の連合体を指した国ではなかったか。

図2―1に日本海の交易路を示した。登場する主なものは、北から能登半島の東海岸、富山湾の巨大な掘っ建て柱がある万行《まんぎょう》遺跡（七尾市）、環濠遺跡の吉崎《よしさき》・次場《すば》遺跡（羽咋《はくい》市）、そして南下して鉄遺跡が半島全体に広がる丹後の集落（京丹後市など）、鳥取県沿岸の巨大な青谷上寺地《あおやかみじち》遺跡（鳥取市）と妻木晩田《むきばんだ》遺跡（鳥取県西伯郡大山町、米子市）、島根半島の中海

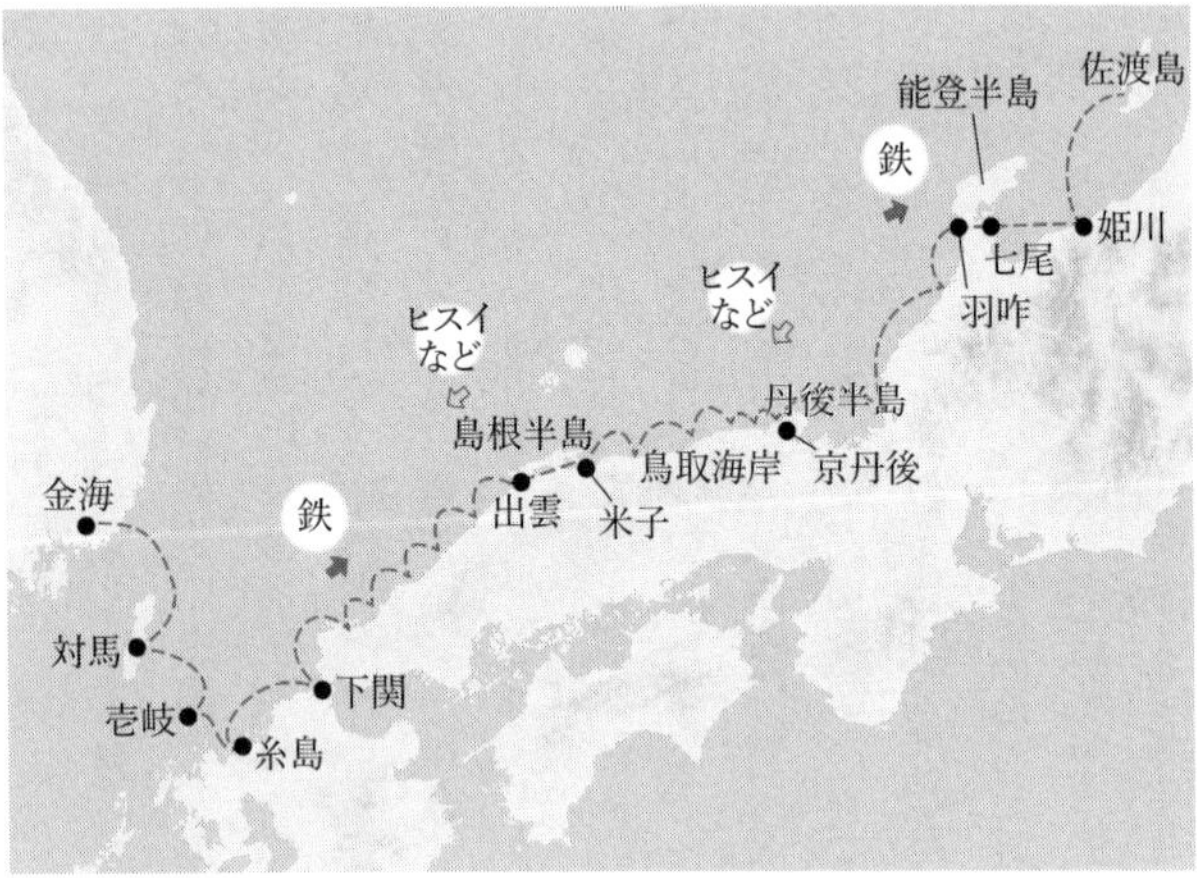

図2-1　倭人の交易路
筆者作成

から宍道湖《しんじこ》では青木遺跡（米子市）、西谷《にしだに》墳丘墓群（出雲市）など、関門海峡を扼《やく》する綾羅木郷《あやらぎごう》遺跡（下関市）から海を渡り壱《い》岐《き》の原《はる》の辻遺跡、対馬の浅茅《あそう》湾から朝鮮半島に続く。

これらの遺跡には、専門家も気付かない多くの技術というか知恵が隠されていたのである。

ハンザ同盟とは少し異なる倭国技術連携

倭国の交易路よりも千年ほど下った十三世紀、ヨーロッパにも同様に長い交易路が自然発生的に生まれた。ＥＵのルーツともいわれるハンザ同盟の交易路である。商人たちの集まりであり、最後まで倭国と同じように国家ではなかった。交易というものは、ビジネスとして互いに利がなければ成立しない。「集団は利益で結び付く」――それが、交易が成り立つ摂理である。この国の古代社会にも成立する原則である。

交易の道は、ドイツのハンブルクの近くのリューベックからベルギーのブルージュまでの都市を結ぶ約六〇〇キロメートルである。海、自然の河川、運河をつないで交易し、主な産品としては、東からはバルト海の塩漬けニシン、岩塩、西からは小麦、羊毛、織物などが扱われた。

ハンザ同盟は一つの産品を運び続けるが、倭人たちは少しずつ加工を繰り返しながら運んだ。その意味で技術の同盟であった。

ハンザ同盟は、十四世紀には繁栄の頂点に達する。しかし、十五世紀になるとヨーロッパ全体に巨大な王権国家が誕生し、中央集権化が進み、同盟はこれら巨大な国家と激しい抗争をせざるを得なくなった。

さらに、オランダ、イギリス商人達が少人数で操船できる大きな船を開発、北海からバルト海に進出し始めた。船の技術革新が進んだ結果、小舟で尺取虫のようにつなぐ古いビジネススタイルの同盟は、次第に外部から商圏を奪われていった。ヨーロッパではさらなる船の技術革新が進むことになる。

ハンザ同盟は、やがて自然消滅していった。十五世紀になり、大航海時代が始まり、ヨーロッパの商圏の中心がバルト海・地中海から大西洋・北海に移り、同盟は再び復活することはなかった。

しかし現在もドイツの都市にはハンザの影響を受け、自由、自治という精神が息づき、多様な民族や文化を受け入れる寛容さがある。

一方倭国は、三世紀に最盛期を迎え、四世紀に衰退する。日本海から大きな船で大量の鉄が輸入され、安価で取引されるようになったことによる。これについて後に詳しく述べる。ハンザ同盟の歴史を倭国の人々のそれに重ね合わせるとき、背後に強大な大陸国家の陰が見えてきた。倭国の集落群の栄枯盛衰と、突然登場してきたヤマト王権の登場の謎解きもそのあたりからできると考える。

◆交易をつないだ鉄と玉石の技術集団

縄文時代からあった玉石の交易

写真2-1　三内丸山遺跡のヒスイ製大珠
三内丸山遺跡センター蔵／田中義道撮影

第一章で説明した三内丸山遺跡（青森市）であるが、北海道、青森、岩手、秋田など北陸を含め東日本全域と玉石の交易を行なっていた。この商売が縄文タワーを生んだ。二〇二一年七月には、周辺遺跡群とあわせたネットワークとして世界遺産「北海道・北東北の縄文遺跡群」に登録された。世界に例を見ない、鉄器がない、農業をしない定住型の遺跡群として「Jomon」が世界に認められた。

古代において、なぜ玉や首飾りが、貴重な交易品になったのだろうか。それは古代から洋の東西を問わず、玉石を身に着けると霊が宿るとされていたからである。つまり、魂が宿る貴重な品として取り扱われていたのだ。新潟県の糸魚川のヒスイ、北海道や長野県の黒曜石、秋田県のアスファルト、岩手県久慈の琥珀《こはく》などが取引されたのが確認されている。船の遺構は残っていないが、津軽海峡もさることながら、運搬方法は川を丸木舟で運ぶこと以外は考えられない。紀元前四〇〇〇年ごろから舟運ネットワークが東北、北海道全域に広がっていた証拠だといえよう。

その舟運ネットワークはどのようにできたのか。集落から一歩外に出れば熊、猪などのケモノに遭遇する。川の方が安全である。やがて、隣の集落同士助け合ってモノを運ぶ約束、ルールが広まってできあがったと考える。

三内丸山遺跡では糸魚川から船で原石のヒスイを運び込み、そこで加工して北海道内陸部に運んだという。この遺跡は大きな加工工場であった。数多くの糸魚川のヒスイが津軽海峡を渡り、北海道の渡島《おしま》半島の沿岸から、さらに北にも発見されている。縄文人がどのように津軽海峡を渡ったのか謎である。この謎解きは楽しい。ヒスイはやがて、韓国や中国とも交易されるようになった。

つながりで成り立ったハイテク連合集落

緑色のヒスイは、新潟県の糸魚川（姫川）にしかなかった。佐渡の赤玉（赤鉄鉱を含む石英）、能美《のみ》の碧玉《へきぎょく》、出雲のメノウなども珍重された。産地は能登半島や佐渡である。

鉄が朝鮮半島から入ってくる時代になって、交換財として光る玉石が日本海沿岸を西に動き始めたのは自然なことであった。海を越え、半島に渡る一〇〇〇キロメートルに及ぶ交易

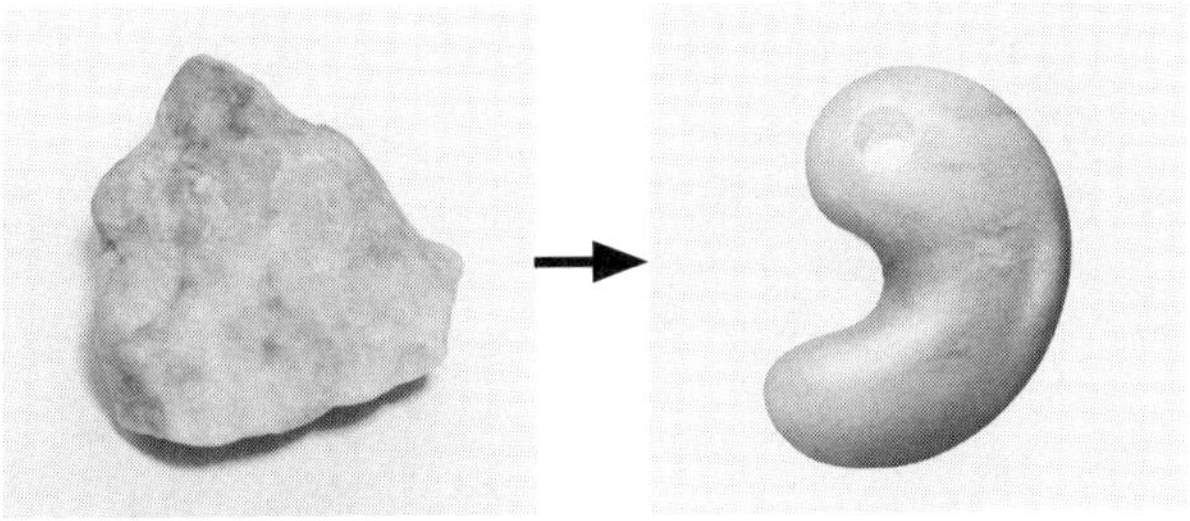

ヒスイ原石　　完成した勾玉

写真2-2　原石から勾玉へ

路がこの時代に形成された。

　だが、一つの船団でずっと航海したのかといえば、そうではない。丸木舟の船団が、狼煙や月の満ち欠け、星座の変化でそれぞれの集落をリレーでつなぐような交易が行なわれた。この交易は三世紀半ばの古墳時代と呼ばれる時代も続いた。奢侈品《しゃしひん》で丁寧に分業でつくられた日本の製品は権力者にも歓迎された。

玉、装飾品はどのようにつくられ、運ばれたか

　石は玉や首飾りになって、中国や朝鮮半島だけでなく、日本国内（当時、明確な国という概念はない）の豪族の威信財になっていた。古墳時代になっても、墳丘墓から勾玉《まがたま》、管玉《くだたま》、ガラス製小玉が日本列島で副葬品として出土している。全体を考えれば、かなりの量の原石が国内にも流通したと考える。

写真2-3　日本海を進む古代商船（福井県坂井市井向一号銅鐸）
辰馬考古資料館所蔵

海が穏やかになる春先から夏場に、材料となる原石を求めて船団は東に向かったか、あるいは原石を積んだ大型船が西に向かったと考える。近郷近在から、人が集まり、市が開かれ、そこでさばかれたのだろう。

さらに、前の冬に加工、製品となった装飾品も、西から来たバイヤーと商談が行なわれたと考える。商談といっても物々交換の世界である。何と交換されたのだろうか。

今の言葉でいうなら鉄が基軸通貨で、かなり後に銭が普及するまで物々交換、即時決済が基本であったと思われる。

そこには米や干魚、毛皮が入ったであ

ろう。また、すべてではないが、重い石を扱う場合、準構造船（木材を組み合わせて船体を大きくし、波除用の板を立てて乾舷を高くした少し大型の船：以下大型船）が使われたであろう。

暦がない時代、市の開く日はどのように決めたのだろうか。重要なポイントである。星や月など天体の移動で決められたであろうが、気まぐれなのは海の天気である。市の開催については第一章で説明したように、烽火《ほうか》による伝達、環状列石による石の移動での掲示があったと十分考えられる。東北の縄文遺跡の環状列石は、市を開く時を知らせると同時に、付近を通る船乗りへのイベントの伝言板ではなかったか、そして狼煙が使われたのではないかと、私は考えている。

冬には航海はしないが、その間、原石は採取され、切断、粗造り、穿孔《せんこう》、荒磨き、仕上げの工程を経て、完成品になったであろう。石の中の魂を取り出す作業である。玉や首飾りになって、朝鮮半島に渡るまで年単位の歳月が掛かったのではないか。

鉄は加工されながら東進した

近年の科学的な調査によって鉄のルートは一つではなく、三つあるといわれるようになった。一つは古代から文献に書かれていたルート。『魏志』東夷伝・辰韓の条に「国（辰韓）

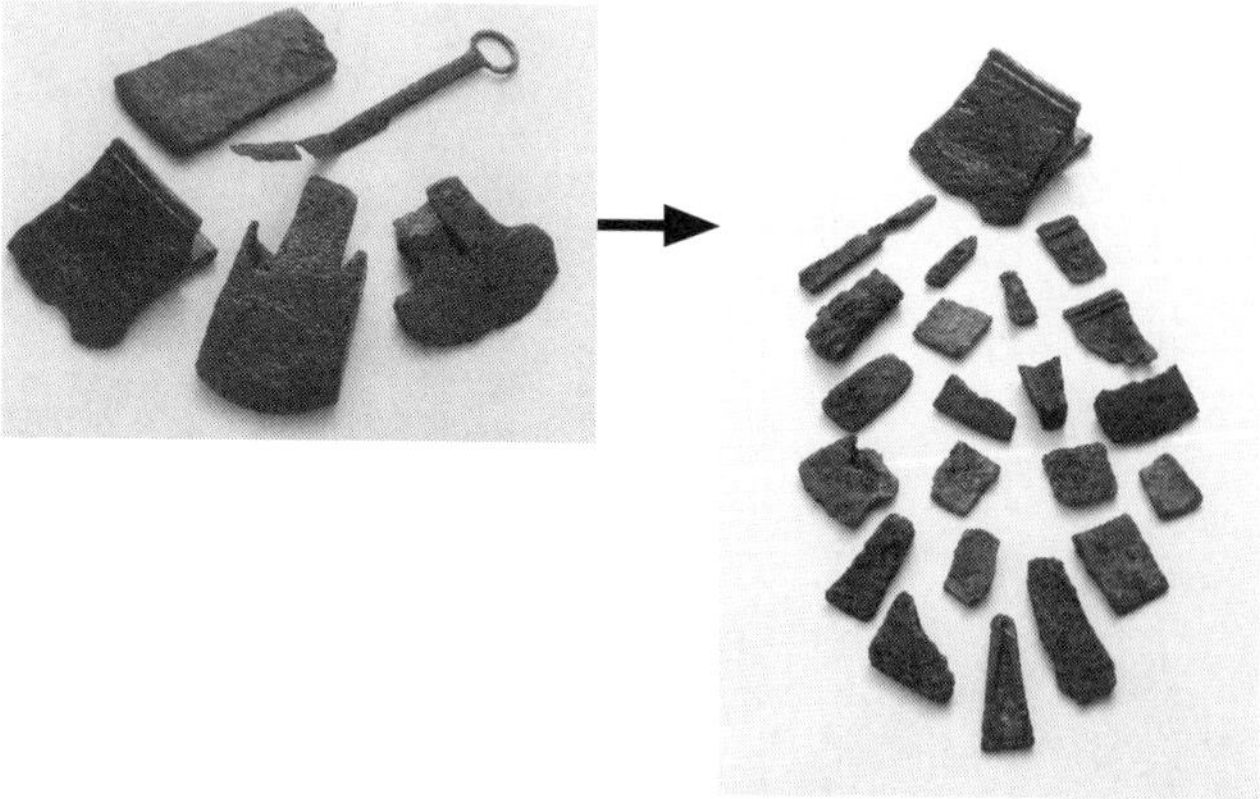

写真2-4　鉄が変わる姿（青谷上寺地遺跡出土品）
写真提供：鳥取県とっとり弥生の王国推進課

鉄を出す。韓、濊《わい》、倭みな鉄を用い、中国の銭を用いる如し」と記されている。

紀元前二世紀ごろから、倭人が漢の朝鮮半島南部の大河、洛東江周辺で採れる鉄製品を対馬海峡から輸入したと思われる。この鉄の流れは、対馬海流に乗って西から東に進む。

鉄斧、素《そ》環鉄刀《かんてっとう》など大きな製品やスクラップは東に向かうにつれ、鏃《やじり》、鍬《くわ》、ナイフなどに加工され、この国で平和的な製品として使用されるようになっていった。このベルトコンベアー的分業は、森浩一氏が今から半世紀前に発見している。すなわち、原石と同じく、朝鮮半島の鉄製品がベルトコンベアーに乗って、次第に加工され製品化され東進する。この時代鉄鉱石や砂鉄など天然素材から鉄をつくる製鉄（大鍛冶）の技術は、まだ日本では普及していなかったが、鉄の製品を小さな炉で熱し加工する技術（小鍛冶、昔の鍛冶屋）によって新しい鉄製品を鍛造することはできた。

一つの鉄の塊が玉石同様、繰り返し取引され、日本海を東に動くのに数年単位で遺跡をつなぎながら動いている。宝玉の流れと交差するように、鉄は逆に東に向かっていた。

二十年前までは、邪馬台国が三世紀前半に成立し、女王・卑弥呼は奈良盆地にいたというのが一つの説になっていた。私は『[決定版]古代史の謎は「海路」で解ける』（PHP文庫）で、鉄を交易しない（正確には当時鉄の交易に参加していない）奈良盆地の集落（纒向《まきむく》遺跡など）が、倭国の盟主であるはずがないと記した。

まして、国家などは存在していない。卑弥呼も奈良盆地にはいないと書いた。多くの方々から批判を受けたが、最近は日本海側の交易に光が当てられ始めていると聞いているので、嬉しいかぎりである。

二つ目は、燕《えん》の様式の鋳造鉄斧や素環鉄刀が沿海州、朝鮮半島東側からリマン海流に乗って直接入ってきた点である。後で詳述するが、高句麗の南下に伴い、それに玉突きのように押し出された難民が持参し、あとに続いた。

その後の交易で、山陰、北陸沿岸に新しい世界をつくった。新しい世界とは技術革新である。高度な技術を持って渡来した集団によって、その地で鉄鋼産業が発展したのである。

この時代から山越えをして、内陸にぽつぽつと鉄が入りだしたと考えられる。

三つ目のルートは国内である。福岡、熊本、大分の各県では九州北部で褐鉄鉱《かってっこう》を使っての独自の小規模な鉄生産が行なわれていた痕跡がある。量はわずかで、域内で消費されたと思われるが、詳細はよくわからない。

秀でていた丹後と出雲のハイテク技術

以前も書いたが、日本海沿岸に不思議なことに玉つくりに秀でている集落があった。丹後と出雲である。弥生時代から古墳時代に移る時期、丹後半島では管玉、腕飾類など石製品、出雲には玉つくりの作業場が数多くでき、その高度な技術と生産量は傑出していた。

まず丹後であるが、弥生中期に京丹後市の赤坂今井墳墓、京都府与謝《よさ》郡与謝野町の大風呂《おおぶろ》南《みなみ》一号墓などでは首飾り、腕輪などが大量に出土している。単なる製品だけではない。玉づくりやガラス管づくりの珍しい工具が数多く発見され、原石から製品までここでつくられていたことが明らかになった。

京都府与謝野町（広い意味で丹後）の加悦谷《かやだに》では環濠を張り巡らせた集落があり、玉の製造技術に欠かせない工具と青色の多量のガラスの管玉が発見されている墳丘墓があった。また、京丹後市の奈具岡《なぐおか》遺跡には碧玉、緑色凝灰岩や水晶など大量の原石、未完成品、失敗品、剝片《はくへん》類とともに石錐《せきすい》、石鋸《いしのこぎり》、砥石、鉄製工具が完全な状態で発見されている。

さらに、製鉄の鞴羽口《ふいごはぐち》や鍛冶炉《かじろ》も発見され、良質の鋳鉄脱炭鋼を手に入れるルートとそれを研磨して高い精度の細かい工具をつくる技術もあったのである。

このような高度な技術をいきなり取得できるわけがない。非連続な高度の技術を持った集団が海を渡り、この地に下り立って技術を高めたと考える。このような優れた技術はいつ、どこからもたらされたのか。西の対馬、壱岐から神々が降臨する以前から、これらの地と深い結びつきがあったと考える。丹後の高度な玉つくりにはこの地に高度な鉄製品の加工技術があったことが、遺構からわかったのである。

出雲地方でも、松江市玉湯《たまゆ》町、玉造《たまつくり》温泉の東の山・花仙山《かせんざん》の麓《ふもと》で産出するメノウを採掘し、勾玉つくりを行なってきた。『出雲国風土記』に天皇家の長寿、国家安泰を願って玉を献上した記録が残っている。さらに、松江の平所《ひらどころ》遺跡の水晶玉については、同じ形の製品が平壌の楽浪古墳から出土していることなどから、朝鮮半島との技術的結びつきがあったといえる。水晶の原石は、朝鮮半島から入る。技術も半島から来たと考えられる。その技術力

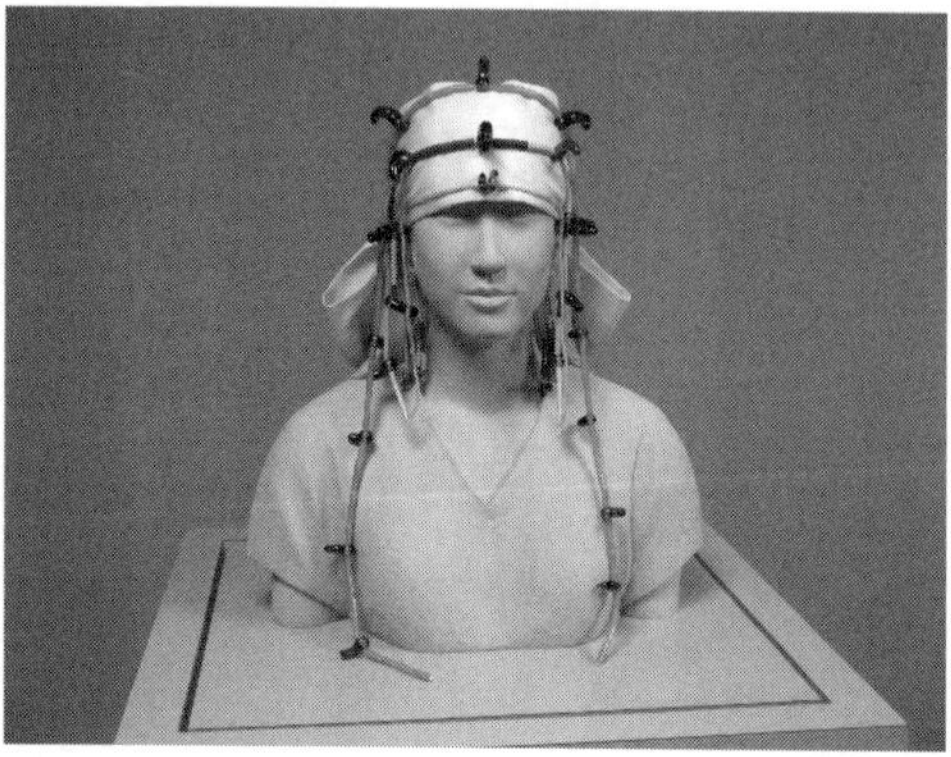

写真2-5　赤坂今井墳丘墓から出土したガラス装飾品
写真提供：京丹後市教育委員会

は高く、長い強度のある針によって片面穿孔（通常は両側から孔《あな》をあける）が行なわれた。

硬い水晶玉やメノウの玉つくりの技術は朝鮮半島の東海岸から、シルクロードのガラス玉は古くから中国との結びつきがあったと考えている。

丹後で特筆すべきは、首飾り、胸飾りなどに使われている色鮮やかな青いガラスの勾玉、管玉である。京丹後市の三坂神社墳墓、左坂墳墓付近を中心に、丹後からの出土総数は一万点以上になる。ガラスの製法技術は古代メソポタミアから伝わったものであり、門外不出の貴重なものであった。ガラスは、微細な金属を入れている壺で熱して青色を出す。独特な海の色のような青い色の勾玉、管玉は、威信財として丹後から全土に広がった。

二百年以上にわたり様々なガラスがつくられたが、日本では採れない材料もあり、中国などから輸入、丹後のみで加工して製品化したと考えられている。吉野ヶ里遺跡も同じような青色のガラス管が出土しているが、工房はなく製品が直接中国からもたらされたとされている。丹後の他には工房がなかったのだ。

ガラス工芸は、当時の最高の技術であった。丹後だけがこのような特殊ガラスの材料を得たのは、海を越えて西方との独自の交易ルートがあったためである。

黒潮の分流である対馬海流にのって、ガラスの材料、製品、制作技術が渡ってきたため、丹後には朝鮮半島に近い壱岐・対馬との交流があったと自然に考えられるのである。

◆倭国の衰退は鉄の輸入のため

大量の安い鉄が入ってきた

当時の交易は物々交換が基本だが、タダで入ってきたのではないが、タダ同然で朝鮮半島の人々は商いをした。

当時の朝鮮半島での長引く戦争は、大量の兵、すなわち傭兵を必要とした。そのため、古墳時代になって、戦時物資として鉄を交換財として、各集落で兵員募集が行なわれた。若者は憧れの海外に行ける、多くの鉄がもらえるということでビジネスは成立したのである。

四世紀後半からものすごい量の鉄が国内に流れ込んだ。百舌鳥・古市古墳群だけでなく、長岡京市の恵解山古墳、藤井寺市のアリ山古墳、野中古墳、奈良市の大和六号墳などから大量の武器が出土している。これらは安価に輸入されたものが古墳に残っていると考えれば得心がゆく。

これによって、この列島の鉄の値段が値崩れを起こし、丹後王国をはじめ日本海側の集落に打撃を与えたのではないか。四世紀には、倭国といわれた集落群は衰退してゆく。

安い鉄はこの国の鉄の精錬技術を遅らせた

鉄鉱石から鉄を取り出す精錬が、六世紀まで行なわれなかった理由は、鉄が安価であったからである。小規模なかたちで、北部九州で行なわれていたともいわれているが、日本列島全体で精錬が行なわれるようになったのは六世紀になってからというのが定説である。中国山地の砂鉄から鉄を取り出す「たたら製鉄の技術が確立してから」といわれている。

なぜ製鉄というか、精錬技術が朝鮮半島と五百年以上も差がつけられたのか。これは技術の問題なのだろうか。鉄鉱石は高温でなければ溶けないが、高温の炉をつくる技術、風を送り込んで強制的に炎の温度を上げる鞴《ふいご》の技術がなかったのだろうか。高炉も鞴も、壱岐市のカラカミ遺跡、丹後や能登半島でそれらしき痕跡はすでに発見されている。

では、鉄鉱石という材料がなかったのだろうか。阿蘇山麓に材料があったことが定説になっているし、中国地方には山砂鉄《やまさてつ》がふんだんにあった。朝鮮半島から目と鼻の先に材料と技術があるのに、この列島で長らくできなかったのはまことに不思議である。

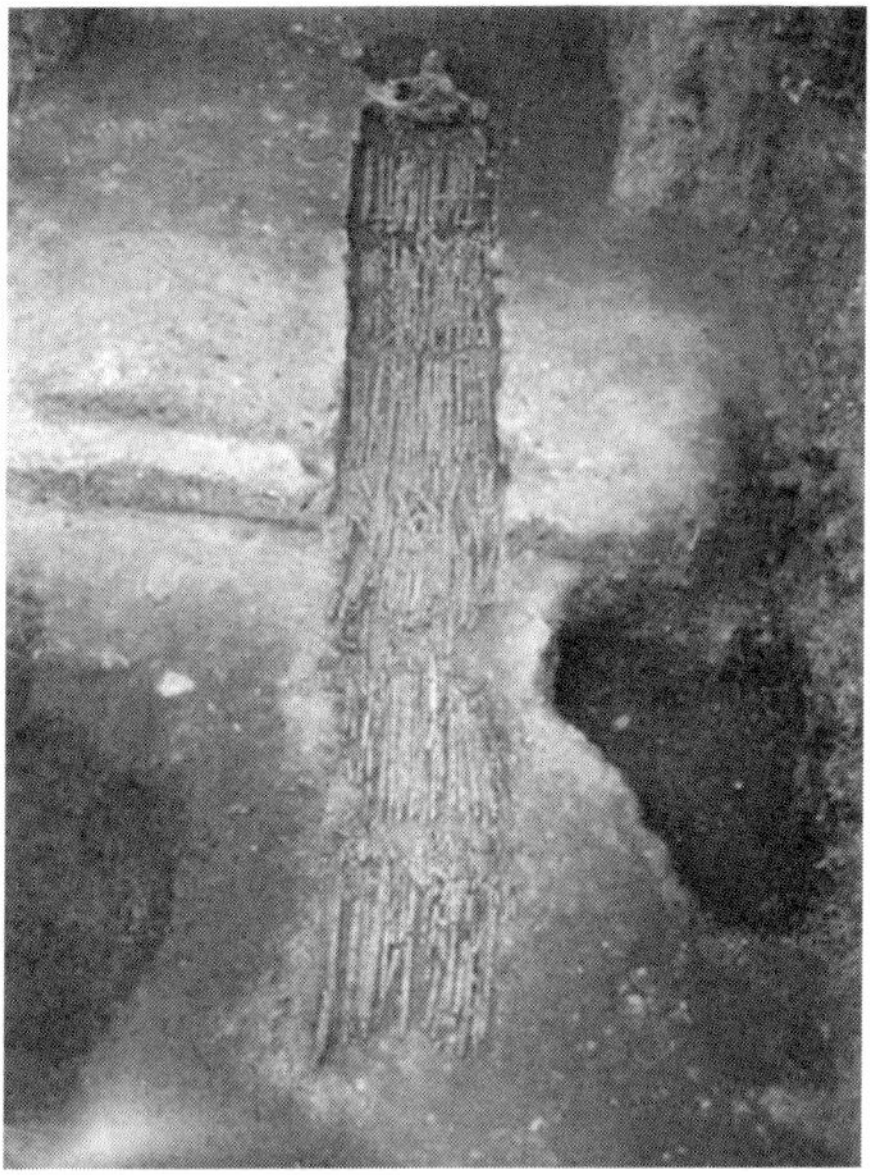

写真2-6　恵解山古墳で出土した武器の埋納施設
長岡京市教育委員会所蔵

私はこう考える。戦争がない日本列島では、日常の生活では、それほど多くの鉄器は必要なかった。海の向こうから大勢の商人が刀剣、甲冑など良質な鉄製品を大量に持参し、傭兵を募集した。そのため、倭国の数百年細々と続けていた鉄の市場は混乱し始めた。ハンザ同盟の衰退と酷似している。

六世紀になり、高句麗との戦争も終わりが見えたことで、傭兵も必要がなくなった。鉄の輸入が途絶えたことで、自前で調達せざるを得なくなった。そのため、新しい産業として、全国、とくに中国山地で無尽蔵にあった砂鉄を使って、たたら製鉄が始まったと考えられる。

◆邪馬台国は海の底

つながらない九州南西部の弥生集落群

三世紀末に書かれた『魏志』倭人伝には、北部九州の対馬、壱岐、伊都などの地名が克明に登場している。そこから先の国が遺跡とつながらないため、邪馬台国の議論になっている。また、佐賀平野の中央に超然と輝く吉野ヶ里遺跡がある。この遺跡は特別であり、倭人伝で描かれた集落（国ではない）とのつながりがわからない。

北陸から山陰の集落群は玉石でつながっていた。対馬海流に乗って鉄斧、素環鉄刀など大きな製品が加工され東に向かい、玉石が西に運ばれたことを前に記したが、九州南西部では製品加工のベルトコンベアーが見えないのだ。

伊都国と呼ばれる糸島市、一支国と呼ばれる壱岐市、そして吉野ヶ里遺跡の博物館には、美しい貝製品の装飾品があった。どうも貝でつながっているようだ。南の海で採れるイモガイ、ゴホウラ、マツバガイなど大型の貝殻でつくった、釧《くしろ》とも呼ばれる美しい腕輪や耳飾りなどがある。この貝殻製品は鉄と交換する南の有力な交換財であったと考える。南海の原材料の貝殻製品を、リレーのように港をつなぎ運んだのだろう。

熊本県や佐賀県の幾つかの博物館に伺ったところ、沖縄や種子島から運ばれてきたことは土器からわかっているし、これらの貝の産地といえば、はるか南の沖縄や種子島などの温暖な南西諸島しかない。繰り返し述べてきたが海の交易には必ずつなぐ港がある。沿岸で製品化して、朝鮮半島に輸出したルートはわからないという。すなわち、これらの素材の貝が集められ、製品となってゆく過程がわからない。わからないのには理由があった。

つながりを消した犯人——大津波「島原大変肥後迷惑」

川や海は古代人の道路である。弥生時代の多くの遺跡は、海岸や川沿いの微高地にあった。江戸時代に、有明海のこれらの弥生遺跡のほとんどが消えた大事件が起きた。

一七九二年五月二十一日（寛政四年四月一日）に、現在の島原の雲仙岳の大噴火と地震によって島の東側の眉山《まゆやま》の山体崩壊が起き、推計四・四億立方メートルの土砂が有明海に崩れ落ち、大津波が起きたのである。

島原の海岸は崩落土砂によって埋め尽くされ、熊本県側だけでなく有明海の海岸地形は大きく変わった。犠牲者は一万五〇〇〇人を数えた。

これが「島原大変肥後迷惑《しまばらたいへんひごめいわく》」と呼ばれる歴史上最大の火山災害であった。

四・四億立方メートルといえば、関西国際空港の総埋め立て土量より少し少ない程度である。およそ二十年掛けて埋め立ててきたのとほぼ同じ量の土の塊が数分で有明海に崩れ落ちた。都司嘉宣・堀川治城・半田隆夫らの調査によれば、島原半島の対岸、現在の熊本市、宇土《うと》市や天草では最大二〇メートルに達する巨大津波が起きた。そして、しばらくの間、湾内で大波がのたうち回った。返し波が海岸を繰り返し襲ったのである。

有明海は日本海沿岸の集落とは違って、北からの侵入者に襲われず、弥生遺跡は長らく栄華を誇ったと思われるが、この津波に流されてしまった。

東日本大震災の津波のなまなましい映像からわかるように、海岸付近の高さあるものはす

写真2-7　「島原大変大地図」
肥前島原松平文庫所蔵

べて流し去る。弥生時代の遺跡があった微高地を覆っていた表土をはぎ取るだけでなく、遺跡そのものを根こそぎ地上から流し去ったであろう。

海岸だけでなく、河川のかなり上流まで高波が遡上し、多くの集落があったであろう大地を流し去った。

一方、島原半島側では崩落土砂によって、遺跡群がポンペイの遺跡のように数十メートル下に埋まってしまったのである。

このため、有明海の港は、歴史から忘れさられてしまったのである。さらに、驚くべきことに九州の物流の大動脈、那《な》珂《か》川《がわ》と筑後川デルタを結ぶ舟運ルートが

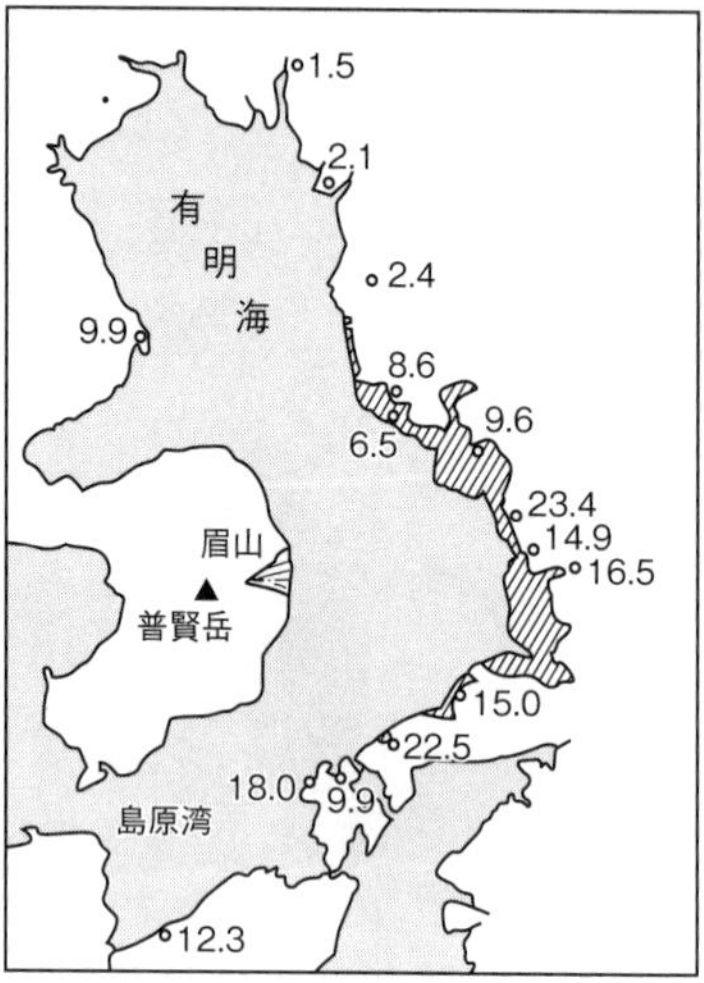

図2-2　有明海の津波の高さ（単位：メートル）
都司嘉宣・堀川治城・半田隆夫らの調査による

あったことも忘れられてしまっている。

そのような海と川の関係を復元してイメージするとき、熊本県玉名郡和水町《なごみまち》の江田船山《えたふなやま》古墳の銀象《ぞう》嵌《がん》の大刀も、博多から二、三日で運ばれ、宇土市の馬門《まかど》の阿蘇溶結凝灰岩（俗称阿蘇のピンク石）でつくられた大和の石棺も、宇土市から修羅《しゅら》（重い物を載せて曳く、そりの形の運搬具）で、一週間程度で玄界灘に出ることができたと考える。

玄界灘から瀬戸内海へは、私が今まで述べてきたように潟湖《せきこ》や水路をつないで簡単に行くことができた。

まぼろしの邪馬台国は海の底

九州の弥生人の脳で地形を考え、足で歩けば、太宰府あたりまでは船。そこから有明海まで歩くのは一日か二日、それも小さな水路をつなげば船や修羅を曳いて筑後川河口に出られる。久留米からは海が広がっていた。

筑後川と那珂川が古代の大動脈であった。ほとんどの物資がこの二本の川で運ばれていたことは確実である。当時は現在の鹿児島本線付近まで海が迫っていた。

本来ならば、吉野ヶ里遺跡と同じような遺跡が、熊本、天草の海岸というより現在のＪＲ鹿児島本線、長崎本線に沿って林立していたのではないかと考える。宮崎康平氏の一世を風靡した『まぼろしの邪馬台国』はあったのだ。

ここに日本の首都であり「ヤマト」という代名詞になった大きな集落があったかもしれない。だが、四〇〇年後に文字が伝わったとき、もっと繁栄した場所が東にあった。それを中国人が改めて邪靡堆「ヤマト」と呼ぶようになったのかもしれない。いずれにしても謎である。

ただ、後背地の広がりがある交易路の存在と、鉄がある集落群が、相互に刺激を受け発展する工業化のプロセスが、有明海では見えないのは確かである。

第三章

皇室への血脈をつないだ倭人たち

◆戦乱の時代を生き延びた倭人集落

高句麗の南下で恐怖の時代が始まった

「古代は高句麗の侵攻で歴史が始まった」といっても過言ではない。この国の歴史ではあまり指摘されていないが、日本は軍事的には弱い国であった。多くの真実を伏せてきたのが『日本書紀』であろう。私が思う歴史は、次のようなストーリーである。

紀元一世紀、朝鮮半島北部の楽浪郡で大きな事件があった。高句麗が平壌付近にあった漢の出先機関の楽浪郡を襲撃したのである。このことはこれまであまり重要視されてこなかった。中国も北朝鮮も、史実としては認めていない。中国は襲われたのは恥とし、北朝鮮は楽浪郡そのものの存在を認めていないからである。

だが、単なる襲撃事件ではなかった。紀元前、山を越え鉄器を持ち出した一つの部族が技術進化を遂げ、六六八年に滅ぶまで無敵を誇る軍団を持つ大国になったからである。

鉄器の一大生産地から素環鉄刀などの武器が大量に奪われたのだ。現代の国際管理下におかれた核弾道技術が、ならず者国家に奪われ、拡散していき、世界が破滅するのと同じような事件であった。

写真3-1　完全武装の高句麗騎馬武士団（徳興里古墳）

鉄器は馬の背に乗せられ、大量に中国の東北部に運ばれ、そして配られた。それだけではなく、製鉄に携わっていた労働者も大勢拉致《らち》されたのだ。

漢の下で厳格に管理されてきた鉄剣が、この襲撃で徐々に東アジアに拡散した。当時、高句麗は遊牧民として馬という移動技術を持ち、軍事国家としてのポテンシャルは高かったが、鉄剣という強い武器を持つに至り、東アジア最強の軍隊をつくった。

平壌近くの五世紀初めの広開土王時代の徳興里《とくこうり》古墳の壁画には、その時代の活躍が描かれている。

その中で注目すべきは、兵と馬が鉄の鎧を着て行進している画である。馬には鉄の小札《こざね》（鉄片）を編んだ鎧で固め、顔面にも鉄製の馬甲面を付けている。この完全武装の馬と騎兵は、隋や唐の軍隊と互

図3-1　襲われる朝鮮半島の集落

角に戦っていた。

　すぐに最強になったわけではない。小さな国と戦《いくさ》を繰り返しながら周辺国から労働力、とくに兵力を確保することに注力した。兵を集めるため小さな侵略を繰り返し、次第に膨張し、その中で技術開発を進めていった。元寇の際、九州で行なわれた殺戮を見ればわかるが、騎馬民族は残虐である。老人や子供を殺し、働ける若者を捕らえ、兵士として前線に送った。これが朝鮮半島では春から秋にかけて、繰り返し行なわれたのだ。

　周辺国を侵略し、傀儡《かいらい》政権の共和国をつくりながら、武力を持って徐々に浸潤していった。侵略したところから兵力を得て、さらに外縁部に拡大していくのである。高句麗は、滅亡するまで、侵略を繰り返しながら膨張していった。そして、朝鮮半島をじわじわ南下したのである。

ゆっくりとした侵略であり、日本への影響も少しずつ顕《あら》わになっていた。最初は難民が徐々に発生し、次第に日本に近い三韓が併呑《へいどん》されていった。

五世紀には現在の中国の東北部と朝鮮半島のほとんどを支配する大国になった。大量の傭兵が日本海を渡って半島に送られた。五世紀初めの、中国・吉林《きつりん》省集安市にある広開土王碑には、倭人が攻めて来たと書かれているが、五世紀に国家が誕生してヤマト王権が侵攻したわけではない。多くの日本人（日本列島に住む人々という意味）が傭兵として海を渡ったのである。

後世、九州を守った防人《さきもり》には東北や九州南部の出身者が多い。弓や乗馬に長け勇猛であったので、すぐに任についた。この傭兵も同じように何らかの対価と交換して海を渡ったのであろう。人の好い日本人は、ずっと傭兵として働き続けていたのではあるまいか。

地図から消えた朝鮮半島の小国家

高句麗は、一つずつ集落を襲い、城を落とし南下し続け、最後には半島先端の百済と新羅だけが残り、小さな国家は全滅した。

東海岸で地図から消えた国は三ヵ国あった。

三ヵ国とは、現在のロシア連邦のウラジオストクからアムール川流域にかけての挹婁《ゆうろう》、その南北朝鮮の豆満江《とまんこう》河口・清津付近の東沃沮《とうよくそ》、そして現在の朝鮮半島の三八度線付近から南の濊《わい》であった。

この濊は『魏志』東夷伝・辰韓条に登場した半島の東端の国である。

挹婁は夫余《ふよ》に与《くみ》したために最初に消えた。東沃沮は高句麗に支配され、多くの住民は重税にあえぎ、奴隷のような生活を余儀なくされたものの、しばらく続いた。

繰り返される略奪、凌辱から耐えられなくなった多くの集落は、馬など家畜と家財道具とともに海に漕ぎ出した。船ではない。馬や家畜を運べるイカダで逃げ出したと思われる。そして、命からがら日本列島に辿り着いたのだ。

この難民たちが出雲、能登など山陰から北陸にかけて定住した結果、養蚕、綿花栽培が次第に列島に広がり、馬が自然に普及していったと思われる。

濊は国の名前こそ消えたが、唯一の民族として臥薪嘗胆《がしんしょうたん》の末、新羅として再興することになる。そして、七世紀に積年の恨みを晴らすべく唐と同盟を結び、高句麗を滅ぼした。新

図3-2　半島をイカダで脱出した難民たち

羅がいつ建国されたかは定かではないが、拠点というべき都を、リマン海流が近くを流れる現在の慶州に置いたのである。

日本海を越えてやってきて、朝鮮半島、沿海州で元は同じ部族が違う地点に漂着したとすれば、あちこちに四隅突出型墳丘墓《よすみとつしゅつがたふんきゅうぼ》や方墳があるのは説明がつく。朝鮮民主主義人民共和国に同様の古墳がたくさんあるという。やがて、頻繁に大型の船が着き始め、難民の漂着を越えて交易が始まった。この民族は多くの文物をこの国にもたらしたが、やがて日本海交易を支配し、新羅はいろいろと日本を刺激する動きをするようになる。

海流がつくった禍福吉兆

日本の歴史は対岸の歴史と正面に向き合っていないからややこしい。いろいろとりつくろっているから古代史のつじつま合わせが難しい。この国の民族は知恵があり、耐え忍ぶ術には優れていたが、強くはなかった。少なくとも貴族社会から完全に武士の時代になり、関東武士が西国に根を張った承久の乱以前は大変弱かったのである。関東武士が西国に派遣されてから軍事的に強靱な国家になった。

北のリマン海流が漂流難民を日本に運び、二世紀の「倭国騒乱」といわれている数多くの出来事を引き起こした。

日本海には黒潮暖流が枝分かれした対馬海流と朝鮮半島東海岸に半時計まわりで流れている寒流・リマン海流がある。数日から十数日、リマン海流に乗り、北極星を船尾に五十五度前後に見れば対馬海流に変わる。そして数日で出雲付近、もう少し流されれば、能登の海岸に簡単に着く。

朝鮮半島からは難民だけでなく現代と同じように侵略者もやってきた。最初はそれほど高

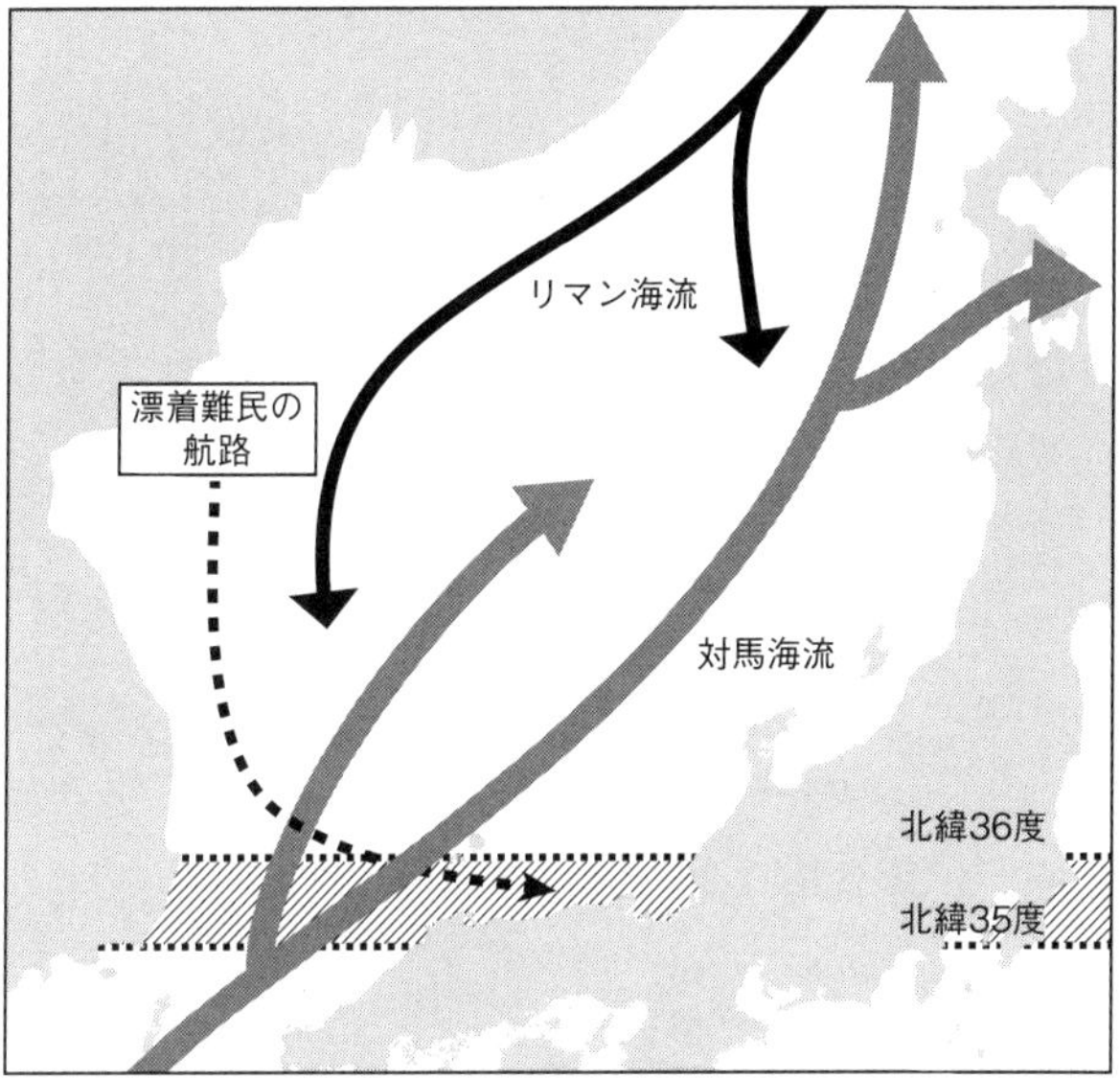

図3-3　二つの交わる海流
筆者作成

度な航海術があったわけではない。筵《むしろ》や竹を編んだ原始的な帆が使われたと思われる。

丹後、出雲に王国ができたのは、高句麗が起こした戦争の余波であった。日本海を渡る技術を持っていた沿海州の挹婁が最初に滅び、そして東沃沮、濊……と、高句麗が滅ぶまで、繰り返し六百年間の長きにわたって、難民の流失が続き、いざこざが起き続けたが、大陸の優れた技術や文化ももたらしたのだ。

図3-4　山陰に漂着した難民たち

戦闘力の強化が五百年後に役立った

　平和になった時代ではあるが、『続日本紀《しょくにほんぎ》』によると、聖武天皇は、七二四年この高句麗軍の騎馬による戦闘技術を関東の豪族たちに教えた。坂東九ヵ国の兵士三万人に乗馬・射術を教えたとある。これが鎌倉時代の坂東武者に受け継がれた。馬上で弓を射る騎射の基本技術であったと考える。

　馬とともに日本の関東の武士集団に伝わったのである。そして、およそ五百年後、元寇の折、騎馬民族の本家と分家の二つの軍隊が、北九州沿岸で再び相まみえることとなった。勝てはしなかったが水辺で互角に戦い、追い払った。日本国は救われたのである。国防は重要である。

さて、命からがら難民が漂着した場所は、出雲だけでない。銅鐸の分布と酷似している。隠岐《おき》の島、丹後半島、能登半島にも漂着した。朝鮮半島東海岸にある彼らの方墳、円墳、四隅突出型すべての古墳が山陰から北陸にあるのがその証拠である。

やがて、数代あと彼らの子孫は大量の鉄で商売する渡来商人になるのである。

◆港は襲われ続けてきた

現代脳で考えてはいけない古代の港

日本では、明治になってようやく外洋に面した町づくりができ、近代化を成し遂げることができた。ヨーロッパや中国と違って、周りを厳しい海に囲まれ、高潮、津波などに常に襲われ海際に住むのはなかなか難しかった。明治以降、近代のコンクリート、鉄を中心とする土木技術の導入によって、全国津々浦々に港をつくり、そこに住み、海外から資源を輸入し、加工、製品を輸出することで近代化を成し遂げてきた。現代の日本人は、昔からこのようながっちりとしたハードな施設があったとイメージしているかもしれないがそれは間違いで、倭国の港はつかみどころがない港であった。

そもそも港という字は、中国の言葉である。漢字「港」の「巷」は町、サンズイは水で、「こう」と読む。要するに、町と結びついた船着場というハードなイメージが常にある。現在の中国語では、この読みを「がん」と読む。

中国の港は、例外的に唐の時代に万里の長城が東の海に落ちる秦皇島《しんのうとう》に海港があったが、中国語が意味するこの「港」の字は、実は海港ではない。雄大な黄河、長江（揚子江）の二つの流域に張り巡らされたクリークにある、交易を旨とする無数の河川の港、例えば蘇州の町の港を想像してもらえればよい。これが第一章の難波京で述べた中国風の港である。

一方、日本では「みなと」は「み」で「水」を、「な」は古い連体助詞で「の」、「と」は「門」で、つまり港は「水の門」という意味であった。『古事記』や『日本書紀』では、「水門」と表記されている。要するに、門がなければ港は安心できない場所であった。経済、交易の覇権を争ってきただけでなく防衛の目的もあった。戦いを正面に受けてきた水門もあるが、多くは河口からかなり入った川内にひっそりと隠された水門であった。

湖や潟湖、内湾以外では、船は砂浜に揚げるか、川筋を入り木の杭に係留するだけであった。例外として、壱岐の原《はる》の辻、岡山市の津寺遺跡などいくつかがあるだけである。前者は水路を掘り込んだ、後者は穴の海の最深部の穏やかな海で、木杭で波に抗う構造物であった。荒れた波を止めることは不可能であった。

港を隠してきた倭国の集落

『日本書紀』では、難波津などが国の国益上重要な拠点とされている。東アジアにヤマトの勢力圏として、これらの交易上の拠点を国として認知させるという政治的な意図があった。だが、日本海の港は書かれていないし、壱岐と対馬はとるにたらない泡の島と書かれている。なぜか。白村江《はくそんこう》で懲りていたので日本海の港の情報を知らせたくなかったとも考えられる。

その背景には、この時期、倭国は日本海の権益をほぼすべて失っていたことがある。白村江の戦いの前から、九州や日本海の港は唐、新羅などの異邦人の商人によってかなり商圏を脅かされてきた。日本海の一〇〇余国の集落「ヤマト」は侵略され始めていたのである。侵略というのは襲われるのではなく、海外の商人によって利権を奪われ、彼らが自由に商売するようになり、ときには暴力的で不平等な交易もあったということだ。

唐津、唐泊、唐戸、韓泊など主要な港は、彼らの国の名前が付けられている。現代のような平和な時代ではない。やりたい放題の時代になっていたのではないか。白村江の戦いは、その歴史の流れの一コマに過ぎないが、倭人に恐怖を与えた。彼らはどう耐え、工夫したのだろうか。

倭国の集落は、吉野ヶ里遺跡、原の辻遺跡などに見られるように、恐怖の時代には多くの遺跡が環濠で防御するようになる。それ以外の方法もあった。先祖の知恵で船着場、物揚場、船宿という港の機能は、地形にあわせてバラバラに分けられてきた。日本海の港は、普通の砂洲、砂丘に船を揚げ、市場は町の中心にあったかもしれないが、浜で行なわれたのかもしれない。とくに施設が見当たらないからだ。見つからないようにしたのである。

特に、多くの遺跡を見る限り、貯蔵庫（倉庫）は安全を考え集落の一番奥に隠されていたと考えられる。そして、来客の船宿は集落の外に置かれていた。そこにはまとまった港のイメージはない。

中国の港のように、形がしっかりしていない。地形に合わせて配置されていたから、専門家も倭国の港をよく理解しなかった。交易品は遺跡に残っているが、施設が見つからないので、日本海の港の存在が無視されてきたのもやむを得なかった。しかし、地中海の古代の港を理解すれば、そこからヒントが得られよう。

古代地中海から学ぶ港の攻防

地中海を豪華客船でクルージングをすると、数多くの美しく、歴史のある港に寄港する。古代地中海の港は、実は荒れた海から船や町を守るのではない。繰り返し襲ってくる異教徒や海賊の攻撃を防いできた施設であった。紀元前一二五〇年、フェニキア時代から十字軍の時代を経て、十五世紀、ヴェネツィアとトルコ帝国が覇を競った時代まで、つまり大砲の時代が来るまで、美しい石積みの港湾施設を二千年以上営々とつくり続けてきた。古代だけではない。大航海時代になっても、彼らはアフリカ、インド、アジアで堅牢な石の砦《とりで》をつくってきた。

では、最初の港は、どんな考えでつくったのだろうか。最古の港の一つである、シドン（現在のレバノンのベイルートの南のサイダ）では、南港と北港の二つの泊地（船舶を停泊させる水域）がつくられ、運河で結ばれていた。また、ギリシャ、ローマ時代の多くの港も同じように二つの泊地をつくっている。

現在も使われ中国の一帯一路の港になっているアテネの外港ピレウス港、ローマの外港で現在観光港になっているチビタベッキア、ハンニバルがローマ軍を防衛した古代都市・カル

図3-5　ローマ外港・チビタベッキア港
長野正孝「世界港湾発展史(2)」、『港湾』第65巻（1988年）日本港湾協会

タゴも同じように内港、外港の二つの港をつくっている。

その理由は、一般の商港（外港）と自らの軍港（内港）とに分けて、来訪者の船を自分の国の船団と必ず分けて停泊させる必要があったからである。

自国の船以外は、あやしい船として扱った。イタリアのテベレ川河口のローマ外港チビタベッキア港の例で詳しく説明しよう。この港はトラヤヌス帝によって二世紀初め、倭国の交易路ができたのとほぼ同じ時期につくられている。

外港と沖を見張るために、物見の塔がある。外港から細い水路で内港にローマの船は入れたが、外国の船は外に置いた。港のまわりには襲われないように五稜郭にあるようなトゲのある城壁がそそり立って守っており、難攻不落と思われていた。それでもこの港は九世紀、サラセン人によって襲撃、占領されローマ市内まで大混乱に陥ったのである。

この港が襲われた詳細はわからないが、一般的な攻撃はこうだ。トロイの木馬と同じように、普通の交易船になりすました武装船団が泊まる。夜陰に乗じて沖に待機していた味方の船団を引き入れ、港と町を同時に攻撃し始める。港の船や、倉庫に片っ端から火を放った。

このように港の船団を破壊できれば、しばらくは海の制海権は奪える。運よく船団を鹵獲《ろかく》できればさらに望ましい。鹵獲した船で捕らえた市民や奴隷を載せて凱旋《がいせん》の帰路に着く。そうなれば最高の成果で、市民は奴隷として自国の市場で高く売ることができ、高い位の政治家、将軍を捕らえていれば、莫大な身代金も取れた。現在でも政情不安定な中東では、この種の身代金要求ビジネスが横行している。

シーザー（カエサル）も若いころ、海賊に捕らえられ身代金で戻されたという。そんな襲撃を防ぐために、きっちりと外国船と自国の船の泊地は区別されたのである。

直接比較は難しいかもしれないが、倭国でも同じような被害があった。鳥取県の青谷上寺《あおやかみじ》地《ち》遺跡で殺傷痕のある遺体が数多く見つかっている。殺傷された証拠を残す人骨である。ここも港が襲われたと考えられる。

倭国でも、殺傷事件は少なかったものの、常に襲われて来たからこそ、水の門をつくり港の核心部分を隠したのだ。倭国では、住民を奴隷にするのではなく、むしろ財物、食糧が奪われた。冬を越えるための生存競争があり、蓄えていた食糧が奪われた。

実際に京丹後市の多くの鉄遺跡、下関市の綾羅木郷遺跡などでは、食糧倉庫や玉つくり工場など重要な場所は安全な奥に配置されている。とくに食糧倉庫は、一番防御のできる場所に置かれた。奪われれば、冬を越せず、住民は死を待つしかなかったからである。

襲撃者たちは地形を覚える

私は、我々現代人が地図、暦を介して地形や土地の状況を理解するのに対して、文字のない古代人は、海賊であろうと遊牧民であろうと、直接脳の中にそのイメージをつくってきたのではないかと考える。

私は日本の技術援助が進み始めた二〇一〇年ころのベトナムのハノイを訪れたことがある。タクシーで面白い経験をした。市内で行き先を告げるとなんとなくクルマは着く。彼は地図やナビを持っていない。共産党政権下、市街地図は一般市民には販売されていなかった。幼いころから地図などは見たこともないし、文字も読めない、文字は読む訓練を受けていないので脳が反応しないという。だが「言葉だけでなんとなく着ける」そうだ。どうも場所を示す言葉が脳の内に無意識に配列され、記憶されるようだ。

もう一つ、私は今から十数年前、新疆《しんきょう》ウイグル自治区で、狼煙台や最果ての長城の跡を訪れるため、タクラマカン砂漠を走ったことがある。地元のクルマを雇って古代の隊商の道を走った。

風景は、砂漠というより灌木がまばらに生えている土漠。クルマは土煙を上げて走る。同じような景色が続き、山も見えず、位置がわからない。運転手はナビもなくどうやら道端の小さなラクダや馬の骨、目立つ灌木をたよりに道なき道を走る。そして、目指した目的地の集落や狼煙台にぴったりと着く。「なぜ、ナビも地図もないのに走れるの？」と聞くと、昔は羊を追っていた遊牧民で、見慣れた場所を、道端の目印だけを頼りに走ったという。地図などは見たこともないそうだ。

そうであれば、古代の侵略者も、我々が、紙と鉛筆で地図、文字、文章を書き、覚えるように、海や川のポイント、特徴ある岩と浜など微小地形を直接脳に刻み込んでスパイをし、言葉で報告したと考える。

敵の港がある集落などは集団で用意周到に襲った。弥生の多くの集落が環濠を掘り、逆茂《さかも》木《ぎ》を並べ、柵で囲い物見の塔をつくったのはそんな理由があるからだ。

地政学的最重要戦略拠点――対馬

対馬は、幅二〇〇キロメートルの対馬海峡のほぼ中央に横たわる、長さ八〇キロメートルの崖が続く島で、腕力と頭脳がなければ渡れなかった。何もない島だが地政学的な位置、地形が財産であった。

平野がほとんどない岩の塊。昭和の半ば島内縦貫道路三八二号線ができるまで道がなく、交通機関はすべて船であった。

ただ、真ん中にくびれた複雑なリアス式海岸の浅茅《あそう》湾がある。ここは波穏やかな湾で古代から竜宮伝説があるハートランドであった。

ここは対馬の多くの人が住む拠点で神社の多くもこの地にあるが、この湾が注目を浴びることは少ない。

日本本土から壱岐・対馬に渡る方法は簡単で、よく知られている。明治時代までは潮が良

図3-6　渡航が困難な対馬海峡（筆者作成）

い五島列島、東松浦半島、あるいは平戸島から出発していた。歴史の中に九州北西部と同じ場所が何度も名前を変えて出てくる。

『魏志』倭人伝には、伊都国に一大率《いちだいそつ》（軍監部）という倭国の官名があったと記されている。伊都国は現在の糸島市と福岡市の西部に位置したと考えられ、『日本書紀』に記載のある神功皇后《じんぐうこうごう》が三韓征伐に出た末盧《まつろ》国の先、松浦半島にあったようだ。

一五九二年から一五九八年の文禄・慶長の役（朝鮮出兵）の折、唐津の西の辺鄙なところに前進基地として秀吉が名護屋城をつくった。同じところに、中世松浦党《まつらとう》という海賊がこの付近にいた。平戸市にある松浦史料博物館の学芸員、久家孝史氏の話では、江戸時代の伊能忠敬の測量調査の一行は平戸大島を朝出発して午後には壱岐に着いたという。

東松浦半島から五島列島付近には北東の強い潮の流れがあり、これに乗れば一日（日の出から夕刻まで）で壱岐・対馬に行けたということだ。そして、糸島平野には弥生時代の伊原《いはら》鑓溝《やりみぞ》遺跡がある。ここととつなぐために、船にも秘密があり、大きな船ではなくわずかな速度が出る船がこの海峡を渡るのに使われたと思われる。

航路を隠してきた対馬の人たち

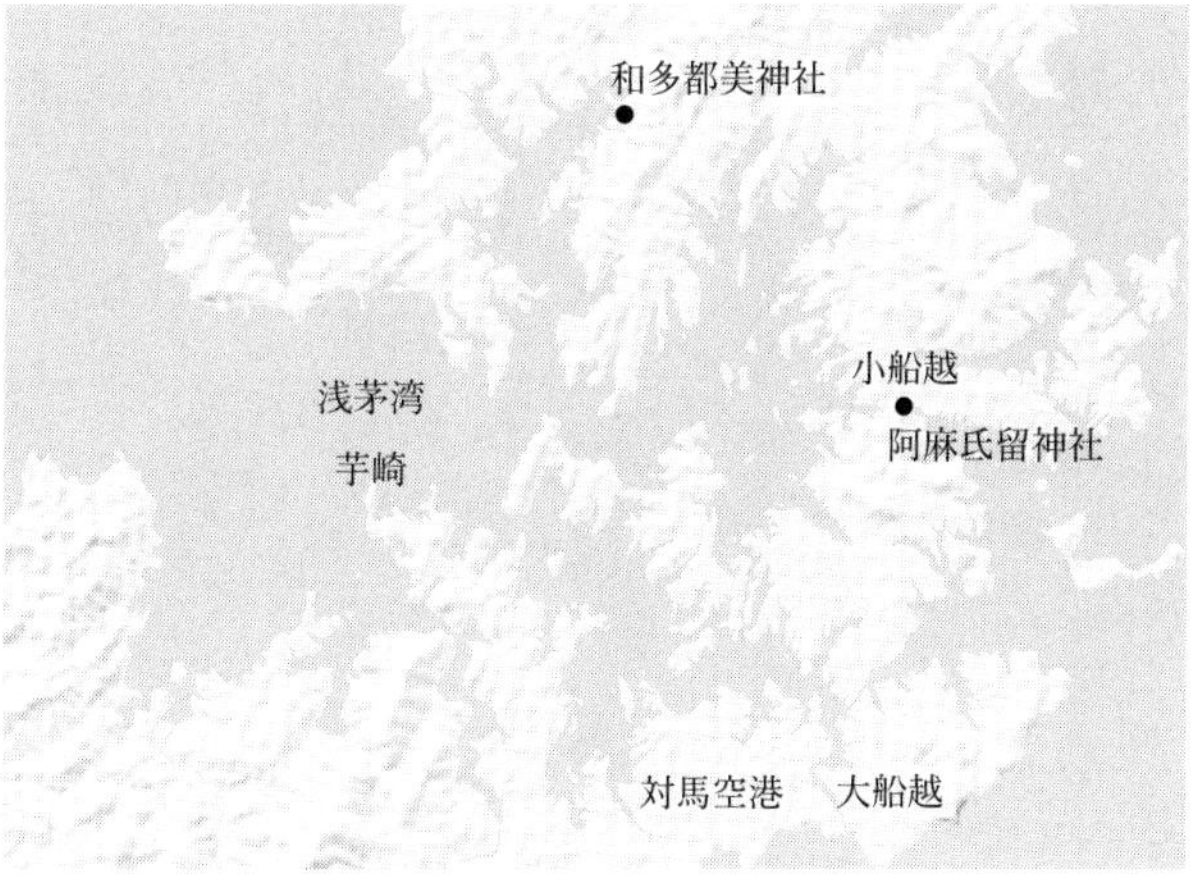

図3-7　浅茅湾のリアス式地形（筆者作成）

朝鮮半島から対馬に渡るには、うまく浅茅湾の入り江にたどり着くことが必要であった。潮流を考えれば、金海《キメ》より西の慶尚南《キヨンサンナム》道《ド》から出発したと考える。

浅茅湾というオニヒトデのように入り組んだ入江があった。全国でもまれに見る複雑な海岸線で、そこに二本の船曳道（陸で船を曳く道）がある。その位置も東側からはわかりにくく、この場所にピンポイントで入ってくるのは難しい。

二本の船曳道は、最も狭い地峡に二つの切り通しがある。阿麻氏留《あまてる》神社がある一四〇メートルの小船越、次に一二六メートルの大船越である。この切り通しを通って日本海と東シナ海に抜けられるこの複雑な地形こそが島の財産であり、外部の人々には秘密であったと考える。風、潮の塩梅で島の西海岸のポイント（北端ではない）で東風を待ち、軽快な船で海峡を一気に渡ったが、そこまで二、三日掛かった。つなぐ港は秘匿されていたのであろう。

永留久恵著『対馬国志』第一巻に、渡海方法のヒントが書かれている。北の佐須奈《さすな》の漁師の話として、朝風が良いと、この付近から東風に乗って西に漕ぎ出せば、昼には釜山付近に着くという。私はその付近から放物線を描くように、潮と風で宇宙遊泳のように着いたと考えるのだ。日本側からは、東風を受けながらうまくたどり着けたのだろう。

元寇の一時期を除いて、この島が長い間日本の領土として平和にあり続けたのは、幸せなことに潮流と島の複雑な地形のなせる業であったのだ。

日本から朝鮮半島に渡るポイントも記録にはないという。私が想像するに、浅茅湾の和多《わた》都美《づみ》神社から北に海岸に沿って、徒歩か船で一日から二日進む。そこに弥生時代の遺跡が点々とあり、その辺りが渡海場所で、風を待ったと考えられる。

神々を守るための代行操船

対馬と朝鮮半島の間の航海には、代行操船が行なわれたという。クルマの代行運転とは、飲酒もしくは他の理由でその車の運転手が運転できない場合、ドライバーが代わって運んでくれることを指す。江戸時代には操船が難しい能登半島回りの北前船では輪島市黒島で操船代行を行い、能登半島を回った。

では、対馬ではどうだったか。この海峡は潮が速くなかなか渡れない。

対馬市教育委員会の立花大輔氏によれば、対馬では「遣唐使と遣新羅使は浅茅湾で船を乗り換えた」という。代行輸送である。浅茅湾の出口の西漕手《にしのこいで》という場所に用意されていた別の船に乗り換えて大陸に向かったという。

六五三年の第二回遣唐使の吉士長丹《きしのながに》の船までは北路をたどったので、ここで乗り換えていたのであろう。特別仕様の早船で唐と新羅をなんとか目指した。この代行の習慣は、おそらく弥生時代から続いていたと考えられる。

西漕手は一〇〇メートル少々で日本海に出られる地峡に位置していた。

日本海側には、前に述べた阿麻氏留神社がある。日本海から入ったらすぐに代行船に乗せられて東シナ海に抜けた。無用な者たちに留まることをさせず、情報を教えなかった。複雑な地形は多く知られることはなかったに違いない。

他国の船乗りだけでなく日本に対馬海峡を渡る渡海地点や浅茅湾の秘密などを隠したと考

えられる。対馬の山城《やまじろ》、金田城を見ればわかる。常に半島から襲われないように、渡海のノウハウを秘匿していたのだろう。宗氏がこの地を守護する以前から、対馬は襲われ、それをはねつけてきた歴史がある。

◆神々は東に避難した

皇室の儀式が対馬から丹後に移動

時計の針を少し前に戻そう。神道の源流、太占《ふとまに》の儀式が『魏志』倭人伝、正式には『魏書』東夷伝・倭人条に書かれている。卑弥呼が扱う鬼術といわれている儀式である。イノシシやシカの肩甲骨などを焼いて禍福吉兆を占う儀式である。

さらには、朝鮮半島西海岸から青谷上寺地遺跡、妻木晩田遺跡など鳥取付近の海岸から瀬戸内海、伊勢湾、内陸までその遺構がある。

私は、その出土する場所から、倭人の航海安全の儀式が全土に広がっていたと考えている。このシャーマンの一族が倭国といわれる集落の連合体を支える長であった。そして、陳寿の記した卑弥呼は大きな論争をつくっているが、この時代日本海全体にもし、女王的な存在のシャーマンがいたとすれば、西なら対馬、東なら丹後であったと考えられる。

対馬の浅茅湾を背に小船越という切通しの北側にある神社の境内入口の鳥居扁額《へんがく》には、「阿麻氐留神社」としっかり刻まれている。日本の最高神の天照大神が、この日本海の交易路を護持するかのように小船越の入口にある。そこから、細い道を少し西に降りると要衝である西漕手の船着場である。弥生時代の昔から神がいたわけではない。この海を支配する首長がいたのだ。

写真3-2　卜骨儀式の跡（青谷上寺地遺跡）
写真提供：鳥取県とっとり弥生の王国推進課

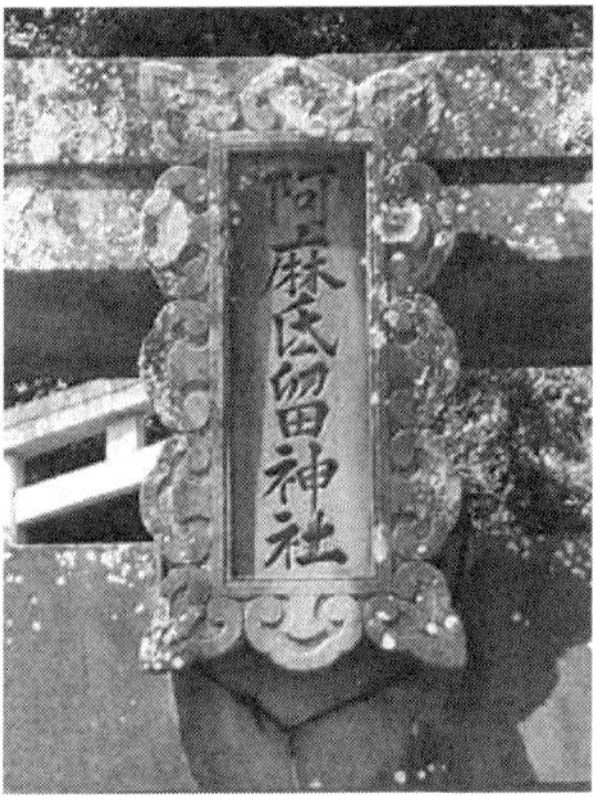

写真3-3　天照大神のルーツ・対馬の阿麻氐留神社
筆者撮影

その証拠に、天皇の代替わりに行なわれる大嘗祭《だいじょうさい》の秘儀、亀の甲羅を焼いて占う亀卜《きぼく》の儀式は、対馬の最南端・豆酘《つつ》にある多久頭魂《たくづたま》神社の儀式である。そして、同じ大嘗祭関係の儀式が、豆酘と京丹後市大宮の周枳《すき》、離れた二つの地域で残っている。

さらに、日本の最高位の神を祭っている伊勢神宮の天照大神のルーツが、対馬にある。天照大神はここから丹後宮津の元伊勢籠《もといせこの》神社に、そこからさらに伊勢神宮の内宮《ないくう》に、壱岐の月讀神《つくよみのかみ》は伊勢神宮の外宮《げくう》にそれぞれ移り、護られ続けている。

皇室のルーツと日本の神道の基になる神々が日本海沿岸で西の壱岐・対馬で生まれ、東の丹後半島の王国に移って、やがて大和と伊勢に移った。筆者は、これらの神事と現在の皇室が、九州から山陰までつながって栄えてきたことが、倭人のアイデンティティを形成していると考えている。弥生時代には現在の神道はないが、弥生時代からこの一〇〇〇キロメートルの集落群の精神的な統治者はいたのである。

日本の最前線として国を守ってきた対馬にはこれからも災厄が起きる可能性がある。幕末に、不凍港を捜していたロシア帝国の軍艦にあやうくこの湾を奪われそうになった。彼らは乱暴狼藉を働いただけでなく、湾の入り口の芋崎に海軍基地まで建設しかけていた。

だが、幕府がイギリスの力を借りて追い払い事なきを得た。もしそのとき、ロシアに租借

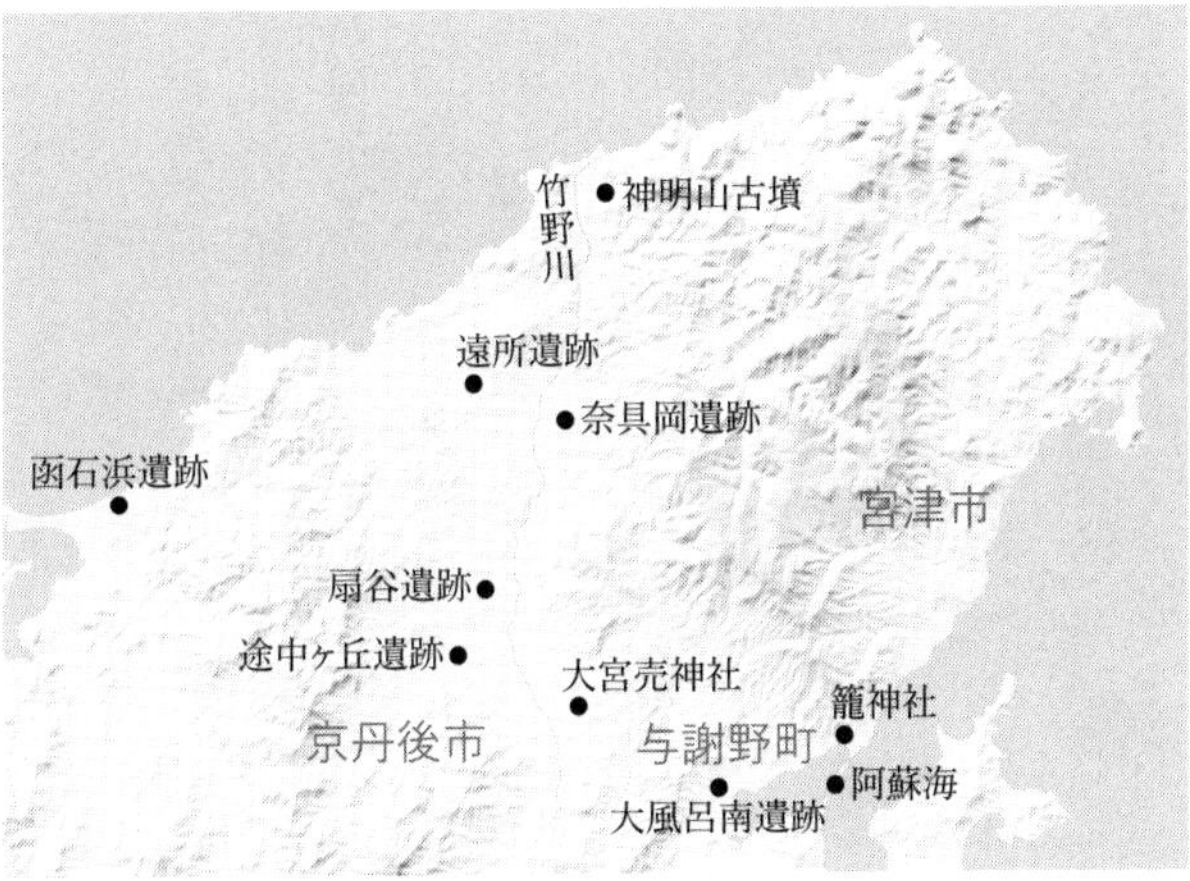

図3-8　隠された丹後王国
筆者作成

していたら、その後の日露戦争や太平洋戦争はなかったかもしれない。だが、そうであれば、朝鮮半島だけでなく対馬は確実にロシア領になっている。そして、日本も韓国も、今のクリミア半島のタタール人のように、民族そのものの存在と歴史が消されていたかもしれない。この島の大切さを日本人は肝に銘じ、対馬の人々に感謝すべきである。

神々をかくまった丹後王国

私が古代人の脳に分け入って、六年前に京丹後市の竹野川がカギであるとひらめき、半島をぐるりと一周したとき、港らしき施設はなかったが、門脇禎二氏が提唱した「丹後王国」と呼ばれる遺跡群を発見した（『［決定版］古代史の謎は「海路」で解ける』参照）。

丹後半島の遺跡と地図を重ね合わせ、現地を数回踏査すると全容がわかった。明神山古墳がある竹野川河口からゴリゴリ船を曳いて入ると京丹後市大宮に着く。浅くとも物理的に船が通れる内陸二〇キロメートルの隠された運河があり、その奥に開けた場所、標高二〇メートルであるが、京丹後市大宮に中心があった。それまでは「丹後王国」は漠然としたイメージしかなかったが、そこに川と工業地帯が重なり合う遺跡群があったのである。

重要な遺跡を知る手がかりは川であった。前に述べた、大きな玉石の工房が発見された奈具岡遺跡、日本の製鉄の黎明期を顕彰する遠所《えんじょ》遺跡など、数百年続いた鉄や玉づくりの工業団地が川のまわりにぐるりとあった。遠所遺跡は、鉄生産の始まりを考える上で重要な史跡である。製鉄炉、鍛冶炉、燃料に使う炭を生産する大量の炭窯が、住居跡などと一緒に出土している。

ここには、「鉄と翡翠の国際貿易市場」がいくつもあった。大宮地区より西にある日本海に面した函石浜《はこいしはま》遺跡から、卑弥呼の時代より二百年前の新（前漢と後漢の間に十五年間だけ存在した王朝）の時代の通貨「貨泉《かせん》」が出土。さらに、大宮より東の大田南《おおたみなみ》古墳から卑弥呼の使者が持ち帰ったといわれる三角縁神獣鏡（二四〇年）より五年も古い「青龍三年（二三五年）」という銘がある方格規矩四神鏡《ほうかくきくしんきょう》が出土している。

写真3-4　伊勢神宮外宮と同じ神を祀る大宮売神社
写真提供：京丹後市教育委員会

皇室の血脈をつないだ倭人の努力

壱岐・対馬の後に国の最高神になる神々がまず丹後に移され、さらに伊勢に移された。前に述べた大嘗祭の儀式が残っている丹後大宮の周枳《すき》地区に丹後二ノ宮大宮売《おおみやめ》神社がある。ここに豊受大神《とようけのおおかみ》が祀られている。豊受大神は、伊勢神宮の外宮の主祭神として祀られている。ここから遷座されたという。

さらに、すぐ裏山を越えた先の宮津市に丹後一宮元伊勢籠《この》神社がある。天橋立を眺める場所の有名な神社である。主祭神は、元は天照大神であった。前に紹介した対馬の阿麻氐留神社の阿麻氐留神が、最初にここに遷座した。それから伊勢神宮に移られた。天照大神が昔おられ、さらに伊勢に移られたので元伊勢という。

ある一時期、日本の最高神の二座が京丹後市から宮津市の狭い範囲におられた事実がある。

日本の最高神は、もともと倭国の交易路を支配していた。勢力を削がれながらも、我慢して伊勢で皇室につながってゆくことに気が付けば、日本人の辛抱強さにロマンを感ずる。最後に付け加えれば、卑弥呼の倭人の交易路の中で、陳寿が伝える「一〇〇〇人の婢《はしため》(侍女)を使って、宮室、楼観、城柵を構えた城があった」という卑弥呼のいた場所は、ここが一番ふさわしいと考えている。断っておくが、丹後は国ではない、倭人の一つの大きな集落であったというのはいうまでもない。

だが、歴史の専門家は船曳道があり、内陸にも一大工業港があるということは脳裏になかった。隠すことに長けた古代人たちは、現代人にもわからないように皇室の血脈を隠してきたのである。後に、武内宿禰《すくね》や継体天皇がこの辺りから登場する。

◆船が歴史を変えた

造船には高度の木工技術が必要であった

丸木舟と異なり大勢乗れる、大型の船が二、三世紀には登場する。ここで述べる大型船とは準構造船を指す。

図3－9を見ればわかるが、大型船をつくるには丸木舟と違い細かい部材の細工が必要で

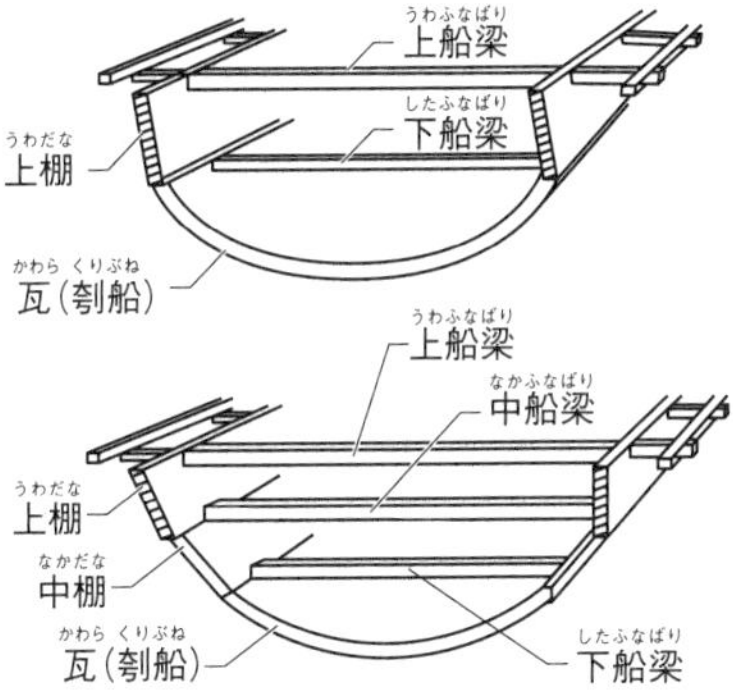

図3-9　準構造船の構造
出典：石井謙治『図説　和舟史話』至誠堂

写真3-5　高度な木工技術（青谷上寺地遺跡）
写真提供：鳥取県とっとり弥生の王国推進課

ある。弥生時代にはその技術はどこにあったのか？

写真3－5に示すのは、青谷上寺地遺跡の建築部材の遺構である。弥生後期のこの遺跡の建築部材は実に細かい細工がなされている。とくに、板材をつくる技術が優れていた。この地では高坏《たかつき》などの木製品を制作、輸出も行なわれ、高度な技術を有していた。このことは青谷上寺地遺跡には優れた鉄の工具があり、船大工がいたことを示している。重要な技術は船体の瓦、中棚、上棚と木材の縫合であり、その水密性が技術の肝となる部分であった。

このような基礎技術や鉄器があってこそ、船はできるのだが、瀬戸内海や大阪平野には当時鉄器も伝わらず、このような精緻な技術はなかった。板をつくり、加工する技術がなかったわけではないが、劣っていた。奈良盆地、大阪平野では同じ弥生の後期にこのような建築部材は出土していない。

大型船は統計的にも山陰、北陸に多い

弥生時代から古墳時代までの大型船の遺構、痕跡の調査が、奈良文化財研究所の深澤芳樹氏によって行なわれてきた（「平成26年度『ひろしまの遺跡を語る』弥生時代の船」〔講演〕、「日本列島における原始・古代の船舶関係出土資料一覧」〔論文〕などから）。

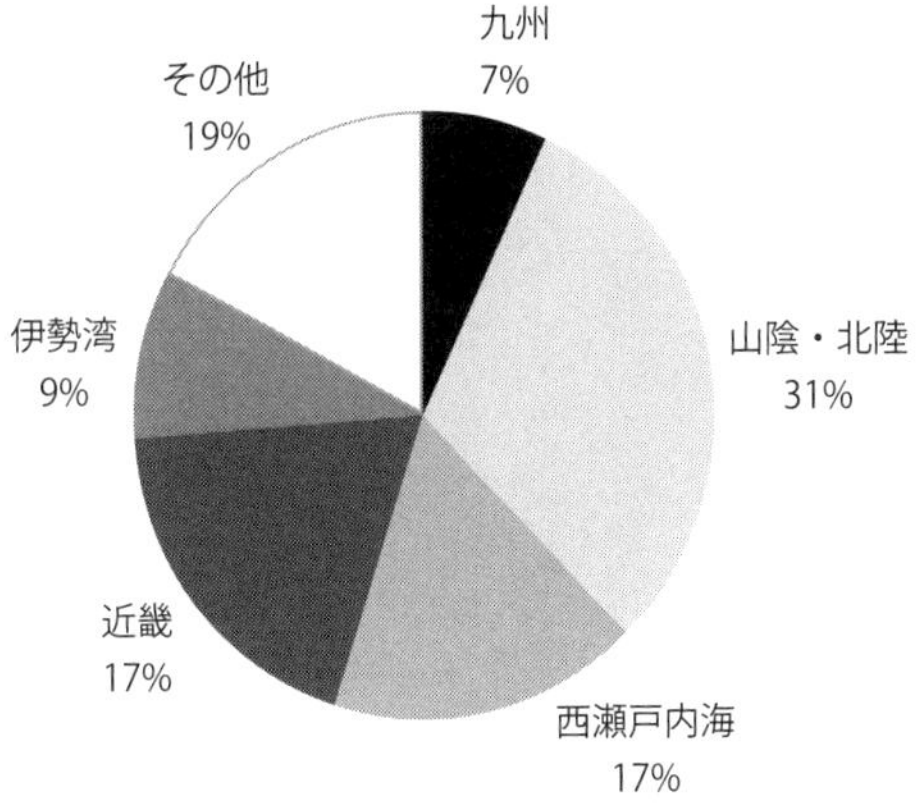

図3-10　準構造船の遺構の地域分布
深澤芳樹氏資料より筆者作成

深澤氏の資料から、船の遺構、壺に描かれた船、線刻画に注目した。九州三、瀬戸内西部七、日本海一三、大阪湾七、伊勢湾四、その他八、合計四二のデータを円グラフにすると、地域ごとの遺構の分布がわかる。どの地で大型船が多く使われたかの傾向はわかる。

九州は九州北部、対馬、壱岐である。山陰・北陸は山口県から富山県の沿岸である。西瀬戸内海と書いたのは、大阪湾、播磨灘などには遺跡がないので、あえてそのように書いた。近畿はほとんどが大阪平野である。伊勢湾は岐阜県、三重県の伊勢湾岸で、その他は静岡県から関東平野である。

山陰・北陸に多い原因は、すでに述べたように渡来人が構造船の原型をもたらしたからだ。渡来人が能登半島、島根半島で影響力を持ったのはこの大型船によるところが大きい。能登半島、富山湾付近から産する多くの重い原石を大量に運べるようになった。西からは大量の鉄を運べるようになった。さらに、漕ぎ手でない多くの人数を乗せることができる。疲労度が少ない人間、すなわち多くの兵員を運ぶことが可能になった。大型船の登場は、倭国にとって好ましくない事実を示している。

一方、瀬戸内海や近畿であるが、『日本書紀』に、この時代、百済の求めに応じ、倭国に派兵したとあるが、大和には大軍を送る船がないので派兵できないと考える。前述したが倭国は三、四世紀には国の形にはなっていない集落連合体で、派兵できるような海軍力は持っていなかった。『日本書紀』のいつもの嘘である。

深澤氏の統計から弥生時代には瀬戸内海には大型船が少ないことがわかってきた。一方、山陰、北陸が多いが、この時代、多くの人間や馬を新羅、伽耶《かや》に運んでいたことを意味する。多くの人が船で移動できる時代になり、戦乱という恐怖の時代が訪れたことを表しているのである。

大型船のルーツは能登半島

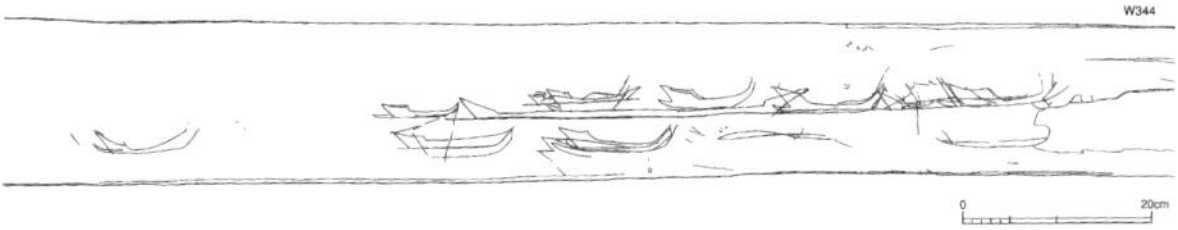

図3-11　袴狭遺跡の準構造船の線刻画（複製）
出典：兵庫県教育委員会埋蔵文化財調査事務所 2002『入佐川遺跡』兵庫県文化財調査報告第229冊、兵庫県教育委員会

カヌーのような手漕ぎの船から大型船に移行する時代はいつ、どこから始まったのだろうか。福井県坂井市の井向銅鐸には、大型船の絵が描かれている（七八ページ）。消去法の論法ではないが、北陸以外考えられなく、ルーツがここにある根拠がいくつかある。

また兵庫県豊岡市の袴狭《はかざ》遺跡には、古墳時代ではあるが木版に描かれた線刻画がある。豊岡は、昔は大きな入江であり、そこに数多くの構造船が停泊していた風景と考えられる。

ただ、ここに描かれている船の多くは外洋を航海する船ではない。詳しくは後で説明しよう。

能登半島付近が準構造船のルーツであると考える根拠は二つある。一つは能登半島の中央部にある中能登町の雨《あめ》の宮《みや》古墳群である。一世紀、弥生中期に出雲と同じ四隅突出型古墳が数多く現れた地域である。雨の宮古墳群の麓に、能登國二ノ宮天日陰比咩《あめひかげひめ》神社があった（現在の場所とは異なる）。その主祭神は、天日陰比咩大神と屋船久久能智命《やふねくくのちのみこと》である。屋船久久能智命は、造船の神である。

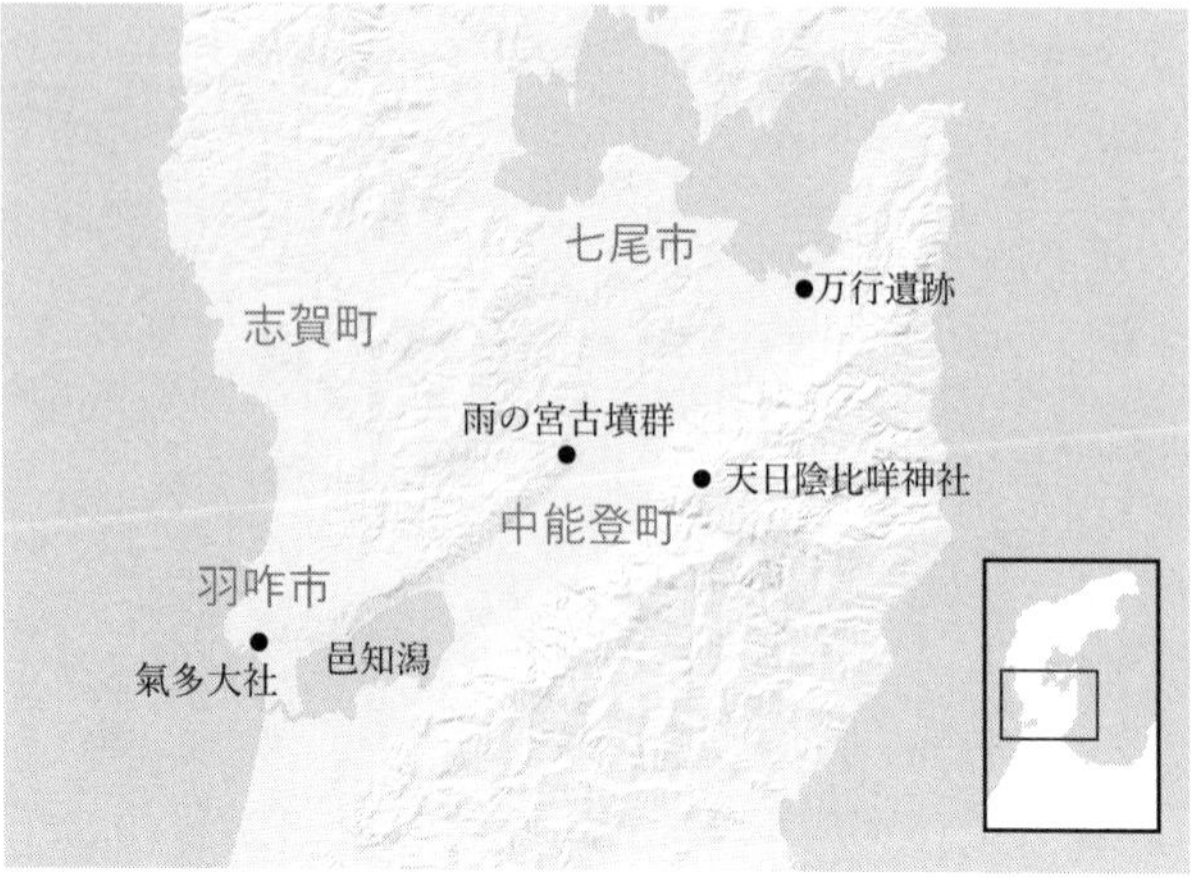

図3-12　準構造船発祥の地？能登半島
筆者作成

もう一つは渡来人の存在である。沿海州の挹婁《ゆうろう》（日本では粛慎《みしはせ》と呼ぶ）が、夏になると北陸、佐渡に来ていた。斉明天皇の時代、阿倍比羅夫《あべのひらふ》が戦ったという。挹婁は海洋民族だが、冬は雪の平原で弓矢を使い獣を狩り、氷が解ける春からバイキングのように強奪を行なったとある。

能登周辺の倭国の集落の民は大型船で大量の玉石の原石を運ぶことができるようになった。丹後周辺でもしかり、鉄を加工する小鍛冶でも大量の薪炭が必要で、その運搬に使われるようになったのだろう。

出雲から五〇〇キロメートル以上離れた氣多《けた》大社の主祭神は、出雲大社の神大己《おおあな》貴命《むちのみこと》であり、出雲の人々はこの地域の人と仲良くしながら、船でこの地の交易を支配していた。出雲を中心に山陰地方に分布する四隅突出型墳丘墓が、能登半島にもみられる。

九州、西日本は別の進歩をした

私は以前、九州、西日本の大型船のルーツは中国の川船を基調とする箱船、竜骨の船ではないかと考えていたが、そうではなかった。九州は弥生時代後期になっても丸木舟が主流であった。なぜか？　前に述べたように、壱岐・対馬を中心に九州には流れが速い潮があった。鈍重な大型船より、対馬海流に打ち勝つ速い船が必要であった。

また、本土や朝鮮半島と対馬や壱岐との航海は一日に三〇キロメートルから七〇キロメートルという驚異的な距離を漕ぎ進むことが要求された。足の速い船、つまり細くて長い船型になっていったと考える。後世、松浦《まつうら》水軍の早船が誕生する。

弥生時代から古墳時代にかけてもう一つのタイプの船が登場する。舳先《へさき》が一つで大きく反り上がった坂井市井向銅鐸に見られる船である。もう一つは、アヒルが口を開けたような舳先が二つの形の船で、私は「アヒル型」と名付けている。大阪市長原高廻《ながはらたかまわ》り古墳群の埴輪、京丹後市遠所遺跡の埴輪、韓国の国立金海《キメ》博物館にもレプリカがある。鈍重な船である。四《し》

写真3-6　復元保存された古代船「なみはや」
写真提供：朝日新聞社

條畷《じょうなわて》市の蔀《しとみ》屋《や》北《きた》遺跡の井戸からは大船の遺構が出土している。

　そのため大阪市では、一九八九年大阪市市制百周年記念で、これらの遺構から船を復元し「なみはや」と命名した。そして大阪南港から博多を経由して、釜山まで実験航海を行なった。復元されたのは、アヒル型船の半構造船であった。

　構造的に瀬戸内海、対馬海峡を航行する船としては十分頑丈であったが、人力ではほとんど漕げず、大量のバラストの石を積んで、夜間、警戒船に牽引してもらって、進まざるを得なかった。

　すぐに「大航海」を想像してしまうことが、この船で大和から朝鮮半島まで、卑弥呼の特使が瀬戸内海に向かったという笑えない話を生んでいる。船の構造、航路を考えれば、無理というしかない。古代の航海は、漕いで進むし、毎日休む必要もある。こんな鈍重なアヒル船は、外洋では無理であることがすぐにわかる。こんなに底が厚いということは、古墳の土砂や砂鉄・鉱石を運ぶ運搬船で陸上を曳く船であったとわかるだろう。「アヒル船」は河川の浚渫土、製鉄原料の砂鉄、薪炭を運ぶ作業船であったと考えている。

豊岡市袴狭遺跡にこのアヒル型がたくさん描かれていたのも理由がある。もともと、豊岡市周辺は円山川の河口湖であった。陸化が始まり、灌漑、水路の浚渫の土運搬にこれらの船が従事したと考えられる。

各地の歴史家は古墳時代の船に中国への幻想を抱いている。瀬戸内海や日本海から軍団を送ることや、卑弥呼の特使が乗る半構造船などを想像してきた。作業船を浮かべて実験を行なったこともあった。

難波津についても後に説明するが7世紀までこの名の港は存在しなかった。皆、『日本書紀』の呪縛にかかっているのである。つまり、大阪湾から軍団を送る港も、送られるような船もなかった。

六世紀、大和川では帆船が走っていた

五世紀以降、古墳時代になり、近畿でも作業船以外の、運搬船が登場する。河内平野を流れ下る大和川の右岸に位置する大阪府柏原市高井田に、数多くの横穴遺跡がある。すでに紹介した河内と大和を結ぶ大運河、奈良湖では帆船が走っていた。帆船の線刻画が第二支群一二号　羨道右壁面にある。六世紀の帆船の絵であるが、私が知る限りここにしかない。

大型船で一枚の帆であり、相当重いものを積めそうである。

船首と船尾の反りあがった船体を見てもわかるように、船の絵を含め流域に遺構があることは、大和川の上流から奈良盆地まで彼らの技術が伝播していたことを示している。彼らの技術は今風に考えれば、大型ジェットを操縦できるようなものであった。

古墳時代の権力の象徴は古墳と石棺である。奈良盆地の多くの古墳の石材、石棺もこの帆船で運ばれたのであろう。播磨の竜山石《たつやまいし》、阿蘇のピンク石と呼ばれる阿蘇溶結凝灰岩でできた石棺は現地で制作され、瀬戸内海を経由して運搬されたと考えられる。ただ、この帆で瀬戸内海を走ったかどうかはわからない。海は人力で運び、穏やかな川や湖は帆船で運んだで

写真3-7　高井田横穴第2支群12号の帆船の線刻壁画
写真提供：柏原市立歴史資料館

あろう。筵や竹で編んだ帆であるが、帆船を見る人々は驚愕したであろう。

九州から近畿に運ばれた阿蘇ピンク石の石棺の半数が、奈良県の天理市、桜井市などの大和川流域の古墳に運ばれている。彼らがその業務に従事したのは想像に難くない。

これらの石棺は大和川では運べないという論があるが、私は、千六百年前の大和川はまったく違う川で、亀の瀬がある渓谷から大きな船で繰り返し運んだと考えている。運河ができていた時代で、中世から江戸時代の暴れ川とは違っていたのである。

堺市・羽曳野市・藤井寺市の百舌鳥・古市古墳群はじめ河内の古墳については、船もあるが、修羅も使われた。藤井寺市の仲津姫命《なかつひめのみこと》古墳の陪塚《ばいちょう》から大小二つの修羅が発見されている。そして、誉田御廟山《こんだごびょうやま》古墳（応神天皇陵）群の石棺のほとんどが播磨の竜山石であることから、播磨から鳴門海峡、紀淡海峡を通って、石津川河口に到着したのではないか。そこから百舌鳥・古市を結ぶ運河を修羅で運んだと考えられる。

第四章

渡来商人による国土改造

◆渡来商人の実像

難民から生まれた多国籍商人

一、二世紀ごろから朝鮮半島からの難民が、先を争うように山越えをした。中国山地、滋賀の比良山地の川筋（陸路）などを抜け瀬戸内海、琵琶湖に出た。途中の山地で定住した者もいた。

兵庫県が全国で一番古墳の数が多いのは、山越えの難民が多かったからである。次いで鳥取県、京都府、岡山県と続く。

その道は、縄文人が数万年かけて黒曜石やサヌカイト（讃岐石）を運んだ道であった。移民たちが、目立たないところで遠慮がちに次々と先祖の慣わしにしたがって墳丘墓をつくった。

その後、朝鮮半島との交易が始まり日本海沿岸には多言語の集落ができる。

そして、楽浪郡から鉄が東に流れ始めてから三百年後、最初の多言語集落ができ始めてから二百年後、高句麗が半島をかなり南下し、半島の南西部の百済、南東部の新羅がそれを押

図4-1　山越えを行なう難民たち

し戻そうと懸命に戦っていた。

だがそれはかなわず、これから滅びゆこうとする国々の新羅や百済、伽耶の人々は日本列島に鉄や馬、鏡を大量に持ちこんで、商売を始めた。

新羅も伽耶の部族は、戦闘要員が必要であったため、彼らに依頼して傭兵集めを日本列島に求めた。その交換財として大量の鉄器や鏡を与えた。

ただ、『日本書紀』では国の権威を高めるように書かれている。

三七〇年前後に大軍を送って半島南部の諸小国群をその支配に繰り入れ、いわゆる「任那《みまな》」（伽耶）を成立させたといった内容である。もともと朝鮮半島南部の任那は、鉄の産地として一世紀ごろから、倭国の交易路に組み込まれていた。四世紀の奈良盆地の遺跡の状況を見よう。鉄のない幾つかの古墳があるが、そこから、とても大軍を派遣できる国家は存在しなかった。

戦争難民がやがて国際的な多言語を操る商人になってゆき、彼らが技術を広めた。そのように考えるのが腑に落ちる。

四世紀、五世紀に大和盆地に全国行脚《あんぎゃ》するほどの人材はいない。

技能者としての実像

古墳時代になり始める時代、少し平和な状態が続き、技能者集団たちが新しい倭の国を動かし始めた。彼らは商人であったが、技術という面からみて「渡来の技術者集団」と呼びたい。国がなくなった彼らがまず商人として、活躍し始めることは歴史のなりゆきであった。彼らは多言語をあやつる、どこの国にも属していない商人であった。主として鉄と馬、傭兵・奴隷を商う商人たちであった。そして基本的な、土木、建築、造船の技術、窯業、養蚕、開墾、灌漑、馬の牧の経営などを教えることができる集団であった。各地で豪族をつなぐ商人が現れて、外の空気を国内に吹き込んだのである。

二〇〇年後の遣隋使を見てもわかる。派遣される小野妹子、犬上御田鍬《いぬかみのみたすき》などは渡来商人の末裔で船乗りで、多言語をあやつっていたと考える。すべて近江の出身者で固められた。彼らの末裔は後の近江商人になるというのは筆が走りすぎかもしれない。

写真4-1　芝山古墳群出土の埴輪
所蔵＝芝山仁王尊 観音教寺　保管・展示＝芝山町立芝山古墳・はにわ博物館

六世紀には、大量の鉄と馬を運ぶ異能集団が数多く登場していた。

馬や鉄は、険しい山越えで古墳をつなぎながら運ばれたと考える。彼らは、内陸つまり日本列島の奥地まで足を運び奴隷を集めた。鉄器や鏡を見せ、奴隷、傭兵の数を首長と交渉をし、商談が成立した。

玉や装飾品ビジネスは、すでに終わりを告げていた。**写真４－１**の異形の埴輪は、どこの民なのだろうか。

九十九里浜に面している、千葉県横芝《よこしば》光町《ひかりまち》・芝山町の六世紀後半の芝山古墳群である。ユダヤ人の国があったともいわれているが、そうではないとも考えている。なぜ、日本語にツングース系の言語が混じっているのかといわれたが、この像を見て納得がゆく。

この地には奴隷交換の馬のための牧がつくられた。この商人像は、馬の飼育に長けた胡人であったといわれている。彼らはここから馬を東北に運び、多くのものと交換した。奴隷は、木曽路を通って西に運ばれたと考える。高句麗が滅ぶ百年前である。

六世紀後半の群馬県高崎市の綿貫観音山古墳から出土し、国宝になっている埴輪・渡来人の群像がある（**写真４－２**）。こちらはどうも新羅人らしい。

この綿貫観音山と同様な船人が河内にいた。大阪府柏原市の高井田横穴に、帆船を浮かべ

写真4-2　綿貫・観音山古墳出土の埴輪
所蔵：国（文化庁保管）　写真提供：群馬県立歴史博物館

ている渡来人の線刻画がある、また、彼らが仏教徒であったと思わせる仏を描いたような線刻画がある。この時代は、小野妹子が隋に派遣された時と数十年しか違わないことを認識する必要がある。彼らの服装もこのような服装であったかもしれない。

馬と奴隷交易で、異邦人は大いなる財を得たのであろう。古墳の埴輪になり、彼らは奉られていると考えている。もっと早い時代に、彼らは日本海を中心にすでにこの国に浸透していたとみてよい。後に、この外国商人を日本海で束ねたのは、蘇我一族であったと考える。

写真4-3　河内で船を漕ぐ異形の船人
写真提供：柏原市立歴史資料館

大和にもいた技能者集団

前に帆船について取り上げたときに、大阪府柏原市の高井田横穴群について言及した。高井田横穴群は前述の河内・大和大運河のほぼ中間点、大和川と石川が合流する付近の山裾にある。ここが物資の一大集散地であった。すぐそばには藤井寺市の古市古墳群がある。そこの右岸の南へ張り出す尾根の斜面を中心に、これまでに一六二基の横穴が確認されている。未確認も含めると、実際は二〇〇以上の横穴群があるともいわれている。

そこに日本史の常識を覆すような線刻画が数多くある。第三章で述べた帆船の

図4-2　帆船を漕ぐ異邦人

図や、船を漕ぐ異邦人らしき人の姿など数多くの絵が描かれている。

横穴は異邦人の居住区であったと同時に倉庫や船宿であったと考えられる。

横穴は、すべて標高三五メートルの線より上にある。つまり、その付近まで水が来ていたことを示している。現在の大和川の水面より一〇メートル以上高いところに大和川の水位があった可能性がある。なぜ、水位が高かったか。その謎はあとで解明しよう。

これらの線刻画から、百済、任那人、新羅人の商人が、鉄器や鏡だけでなく古墳の石棺を堺の百舌鳥古墳群を経て運河を遡り、奈良盆地に届け、運搬を行なった。この横穴の異邦人たちは、彼らを描いたものではないか。彼らは大和川を越えて、河内・大和大運河や美しい奈良湖の風景の中を帆走していたと考える。

蘇我一族が船で大和川を支配した

四世紀初めごろから、大阪平野、大和川流域、大阪府八尾市の久宝寺《きゆうほうじ》遺跡、大阪市平野区の長原遺跡などで大型船が造られ始める。大型船の破片、船型埴輪が見つかっていることから、大和川の舟運、灌漑のために二つのグループが存在したと考える。

一つは百舌鳥古墳群から奈良盆地までの、前述の大運河と奈良湖周辺の舟運と灌漑事業を行なってきたグループである。奈良県広陵町周辺の馬見《うまみ》古墳群の巣山古墳に半構造船の遺構、百舌鳥古墳群に船材の一部（博物館側は神社のシビといっている）が発見された。河内・大和大運河の上下流を一貫して支配していたグループである。

もう一つは第一章で淀川舟運で説明した継体天皇のグループである。当時はまだ、淀川河口に大和川の土砂が迫っておらず大きな勢力ではなかったが、枚方から寝屋川、四条畷の河内湖の干拓事業が始まり、干拓事業における馬の活躍もあり大きな勢力になった。茨田《まむた》の堤はそのグループの干拓事業の一環であったろう。淀川中流域から大和川河口部の勢力は河内平野南部のグループより大きな勢力になってゆく。

歴史の時計を少し進めよう。すでに、この異形人が柏原の洞窟に住んでいた時代である。五八七年、丁未《ていび》の乱が起きた。物部守屋《もののべのもりや》と蘇我氏の仏教をめぐる戦いといわれているが、そうではない説が有力になっている。物部氏も仏教を信じていたという。私はこの争いは、淀川と大和川の二つの勢力の水運をめぐる覇権争いではないかと考えている。その乱の後、物部氏が持っていた大和川下流域の権益を、蘇我氏（継体天皇の淀川筋のグループ）が奪ったと考えるのが素直な解釈である。

そして、線画に描かれた異邦人らしき人物は、実は異邦人ではなく、蘇我氏の配下の船乗りの制服を着た人物だという可能性もある。彼らが物部守屋か、蘇我氏のどちらに属していたか考えるときに、服装が群馬の綿貫観音山古墳の群像と同じであれば新羅人、蘇我氏の海軍の制服ということができる。このあたりはもっと研究が必要である。

『かしわらの史跡（下）』（重田堅一著、柏原市総務部広報広聴課編集・発行、一九九三年）によれば、この水路に沿った物部氏所有の弓削、鞍造、長瀬、衣摺《きずり》を没収して、蘇我氏が建立した四天王寺（天王寺）の寺領にしたという。物部氏というのは、大和川下流部、百舌鳥・古市古墳群の権力者であったがここに滅ぶ。その頃、船氏の租といわれる王辰爾《おうしんに》がこの地に登場、その後船王後《ふねのおうご》まで約百年大和川は船氏の支配が続く。彼らが高井田横穴の主の可能性もあるだろう。

◆渡来商人によるインフラ整備

前方後円墳の墓制の普及

なぜ、突然、三世紀後半から前方後円墳になったのか。ヤマト王権が統一した云々の数多くの文献を、ことさらひもとき紹介することは差し控えたい。文字がない時代への想像の産物だからである。

人間は利がないと動かない。技術もそうである。

彼ら商人は倭人、新羅人、百済人が入り混じり、古墳のある場所で宿をとった。円墳には百済人は行けたが、方墳には足を運べなかった。新羅人はその逆であったろう。乱暴にいえば、蘇我氏の勢力が方墳、その他は円墳であった。

皇室の血脈がどうこうということではないが、この時代、馬でビジネスを手広く行なっていた継体天皇が前方後円墳を提案したのかもしれない。人間の技術はいつの時代もニーズがあって生まれるものである。

彼の時代から「いつでも、誰でも、どこでも行ける」市場やホテルにしたのである。誰でも商売のできる丸と四角を併せたフランチャイズ・マークのようなものである。

すべての古墳に通ずることは、当時は干ばつもあれば飢餓もあった。祈りだけでは生計は立ててはゆけないのだ。当時もビジネスが優先である。古墳の労働力の対価は、それなりに見返りがあったと考えるのが常識である。

儲けられれば、すぐに古墳の形を変えるようになった。私は、鉄や鏡を扱う渡来の行商が丸と四角を合体させよと勧告し、歩いたのではと考えている。彼らの多くは朝鮮半島から来ていた。祖国を失ってから時が経っていた彼らにとっては、もう丸も四角もなかったのではないだろうか。

倭国の日本海沿岸で開かれていた市のシステムを、そのまま列島全体に移動させ、古墳に設けたと考えれば得心がゆく。大量の鉄が瀬戸内海、琵琶湖、そして関東に山川を越えてもたらされ、文字も貨幣もないので、物々交換の約束事が前方後円墳に受け継がれ、たちまち全国で数十万の古墳ができたと考えればストンと腑に落ちる。

全国共通のピクトグラム（観光案内、宿看板）の埴輪制度

埴輪は、弥生時代の後半（三世紀）に、円筒の壺とそれを載せる台が先祖崇拝のためにつくられたのが嚆矢《こうし》という。

多くの歴史書では、埴輪は祭祀の道具であるとしか書かれていない。哲学的な解釈は自由であるが、毎日、毎日が祭祀、祈禱では日本列島は食べてゆけない。祭祀であれば、宗派が違えば形も違う。共通した宗教があったという話もない。馬、豚、鳥、家など同じものが全国一律につくられるわけがない。

象形埴輪が全国同じものというところが引っかかる。私は全国共通交易の観光案内、宿看板であったと考える。ここにあえて、山陰鳥取の長瀬高浜遺跡の埴輪を提示したが、瀬戸内海の近畿も山陰も共通している。彼ら商人が上陸するゲートウェイである山陰、吉備が普及の出発点である。

私は渡来の商人たちに施設や機能を説明するピクトグラムであった、と考えた。文字がない時代、埴輪には二通りの役割があった。一つには、はるばる遠方から来た客人を接待する場をつくる。二つには、場を示すことではなかったか。

円筒埴輪は、古墳の頂部を市場で使う場合のパーティションの壁（奴隷を収容する場所であったか?）ではなかったか? 市場では商店の数、催しのスタイルでその時々のスペースの利用方法が変わり、間仕切りであると考える。古墳で飲み食いすることも有力な説となっ

写真4-4　長瀬高浜遺跡の埴輪群
写真提供：湯梨浜町教育委員会

図4-3　現代のピクトグラム

ている。

形象埴輪は、現代のピクトグラムである。この時代、日本列島に上陸、古墳の道を訪れる人は多国籍である。倭人だけでなく新羅、百済、高句麗、漢人など多くの人が来るため、タクシー乗り場、バス停、船着場といったような場所を示す交易のための立体看板であったのだ。

家型埴輪は、遠路、馬と鉄を持参した客人宿泊施設である。猪、馬、鳥などは部族の宴の場所かもしれない。あるいは、動物で民族の属性を表したのかもしれない。あるいは、馬は「馬を貸します」の看板だったのではないか。武人は現在でいう交番、警察署、軍隊詰所のマークである。

水鳥の埴輪は渡し場（港）のピクトグラム

七年前に韓国・金海市の国立金海博物館を訪問し、日本にある水鳥の埴輪、甲冑を見付けた。韓国では水鳥の紋章がある甲冑は伽耶の武人のものであるという。伽耶は、現在の国家の線引きとは関係ない、海境を越えた倭人の一集落で、鉄の卸業を生業としている部族であったのである。

写真4-5　津堂城山古墳の水鳥埴輪
写真提供：藤井寺市教育委員会

伽耶全盛の時代から数百年を経て、水鳥の埴輪は群馬県太田市の天神山古墳、埼玉県行田《ぎょうだ》市の瓦塚古墳群、奈良県広陵町の巣山古墳、大阪府羽曳野市の誉田御廟山《こんだごびょうやま》古墳（応神天皇陵）、大阪府藤井寺市の津《つ》堂城山《どうしろやま》古墳、京都府長岡京市の乙訓《おとくに》古墳群、恵解山《いげのやま》古墳、米子市の淀江井出挟《よどえいでばさみ》古墳など日本全国に広がった。注意深く見ると利根川、大和川、淀川、日野川など河川の縁にある。看板（ピクトグラム）として、水鳥は船着場や、古墳の渡船サービス、つまり人を船で渡す渡し場の看板であったのではないかと考えている。

面白いところに、水鳥は出現している。松本市（平田里《ひったり》古墳）と飯田市（大塚古墳）

にあったという。群馬まで馬で鉄、鏡などを運ぶ場合には関係ないが、大勢の傭兵を連れて西に向かう場合、竹筏に乗って天竜川の渓谷を下る。その駅の乗り場と降り場を示しているのではと考えた。

古墳時代は、このような共通の言語であるピクトグラムの埴輪の場を使って、商人と地元の古墳の首長との意思疎通を行なった。

葺石をつけた古墳は「常夜灯」

明るい夜に暮らす現代人には想像もつかないかもしれないが、夜は漆黒の闇夜になる古代では、葺石《ふきいし》を施した古墳は、実は薄暮や夜中でも白く光り、夜移動する商人たちにそこが安全の場所であることを示した。後から話題にするが、多くの傭兵を引き連れた商人は各古墳の首長と輸送を契約していたのだろう。

もともと、高句麗、北朝鮮など北東アジアの遊牧民が、羊の群れを連れて大草原を移動するとき、民族・同胞の古墳が道しるべの役割を果たしていたと考えられる。光る古墳は、渡来人たちがかの国の慣わしを持ち込んできたのであろう。

この国でも馬が半島から輸入された時代、大量の鉄を陸送した。列島全体では、馬が使われた。その状況を想定してみよう。多くの荷を曳き、川筋を遡った。西日本で日本海側から瀬戸内海にかけて、川や踏み分け道の両側に、全面に石を張った光る古墳が無数につくられた。方墳、円墳から前方後円墳もあるが、張り石で葺《ふ》いた。作家の黒岩重吾氏は、これら古墳は灯台の役割を果たしていたというが、私もそう考える。

標高一五〇〇メートルの道路建設

私は、馬や鉄は新潟県の長岡から山越えで関東地方に運ばれたとばかり思い込んでいた。ところが、群馬県と長野県の歴史館に尋ねたところ、両県の歴史館とも意外な答えが返ってきた。新潟県からではなく、岐阜県方面から馬はやってきたという。

商人たちは日本列島の標高一五〇〇メートルの南アルプス越えの道をつくったのだ。日本列島の二〇〇〇メートル級の山々が連なる中央アルプス、その山岳地帯の標高一五六九メートルの峠をつくっていたのである。中津川と飯田にある神坂《かみさか》峠である。現在、日本で一番高い標高の国道は、国道二九二号線の群馬県の渋《しぶ》峠の二一七二メートルである。それに勝るとも劣らない道を長野県下伊那郡の阿智《あち》村につくった。自然発生的にできたというより、マーケットがとんでもないルートの開発を商人に求めたのだ。利を求めた大勢の商人たちの協力で道ができたと考える。官製の七街道の一つ東山道（木曽路）ができる三百年も前のことである。ビジネスが成立するのだから、大勢の人々がここを歩いた。そして、安全に越えるために神事を行なった。おそらく、天気の良い日を選んで集団で二、三日掛けて越えたのであろう。

馬だけでなく、ここから鏡も運ばれたのだろう。

群馬とは名前のとおり古代から馬の産地である。群馬の馬はいつ、どこから来たのか？五世紀には関東まで届いているが、ここまで馬を運ぶために、日本で最も高い峠を越えたのだろう。

近畿と関東をつなぐ日本最長の道路（当時、日本列島を縦断する道路は西日本にはない）を用いたと考える。

この交易路は、関ヶ原から美濃、尾張を経て、現在の恵那市、中津川市から阿智村（神坂峠）を越え、飯田市で木曽谷に入った。大変な距離である。

馬を扱う技能者集団が、この輸送を仕切ったと考えている。群馬県高崎市の観音山古墳、千葉県の芝山古墳には、帽子をかぶった異邦人の埴輪があるが、彼らのような渡来人がこの道路の施工者であり、管理者であった。

第五章

水路で見つけた古代人の凄い発想

写真5-1　日本第4位の造山古墳
写真提供：岡山県観光連盟

◆穴の海の大運河――津寺遺跡からの発見

何が何だかわからなかった津寺遺跡

岡山県岡山市には日本第四の大きさの造山古墳《つくりやま》がある。この巨大な塚を築いたであろう港が見つかっていた。巨大古墳は例外なく河川・水路の傍にある。河川や海岸に堆積した土砂の浚渫を行ない、それを積み上げた結果、大王の古墳になったと私は今まで書いてきた。

古墳の土砂運搬には数多くの船と造成のためのシステムが必要である。この津寺遺跡にはそのシステムが見えるのである。

現代に置き換えれば、関西国際空港の埋め立ての土採場から運搬、埋立（土砂投棄）に至るプロセスがわかるような施設であった。

　その遺跡とは、おかしな河川の護岸があったと片付けられていた岡山市の津寺遺跡である。一九八〇年代に岡山市津寺《つでら》地区の山陽自動車道と中国横断自動車道の岡山ジャンクションの工事中に、古墳時代の終わりの頃から奈良時代と推定される不思議な遺跡が発見された。旧足守《あしもり》川の左岸に、長さ約九〇メートル、幅約五メートルにわたり六〇〇〇本以上の杭が打ち込まれている水際の不思議な（群杭）構造物が見つかったのである。前例のない遺跡であった。

写真5-2　津寺遺跡の不思議な杭構造物
写真提供：岡山県古代吉備文化財センター

　この遺跡は、日本道路公団広島建設局岡山工事事務所と岡山県教育委員会との合同調査によって、『岡山県埋蔵文化財発掘調査報告98「津寺遺跡2」山陽自動車道建設に伴う発掘調査10（その1）』（一九九五）として報告された。その後、河川技術の権威によってこの遺跡は「古墳時代末期から平安時代の代表的な治水遺跡」津寺遺跡とされた。報告書と、発掘調査に立ち会ったという柴田英樹氏によれば、護岸のような構造物であるが、不思議にも背後には土盛りがなく水面であったという。

その構造は、非常に独特で、群杭の間にはスギの樹皮や木の皮、葦《あし》などを挟み込んだ盛土《もりど》があり、横木もあった。過去に類例を見ない、歴史的な大発見とされた。

しかし、報告書を読んでも、特殊な河川の護岸であると書かれているだけで、詳細はわかっていないようである。

ヒントは「場所」

写真5－2を見てもらえればわかるが、治水が目的の割には、天端《てんば》（堤防の高さ）が低すぎる。左側に足守《あしもり》川の河道《かどう》（川の流れるところ）があればであるが、少し増水すればすぐに水は乗り越える（当時は足守川はまだなかった）。当時、現地調査に携わった前述の柴田氏は、背後（堤内地）に護るべき重要な施設もない、堤内地も水面であって不思議だったという。

当時、総社市《そうじゃし》、倉敷市、玉野市から岡山市にかけて穴の海と呼ばれた大きな海があり、この遺跡はその北西部の足守川の左岸に位置している。

現在も標高一〇メートル以下の低湿地の多くは田圃であり、四世紀から五世紀の時代、足守川の吐き出す土砂で陸化が進んでいた場所であった。

浅い海、もしくは一面ぬかるむ泥の汽水域であった。千年後に豊臣秀吉が水攻めにした備中高松城が北西一キロ余りにあり、その時代も泥田であったことからも想像がつく。そして、西に日本第四位の古墳造山古墳があり、東に加茂遺跡、南に楯築《たてつき》墳丘墓が位置する。いずれも一から二キロメートル範囲である（口絵5）。

以前私が吉備津神社に訪れたとき、吉備津駅前と神社の間に小さな川があった。その川は「吉備の中山みち」に沿って東に流れているが、古代の穴の海の交易を支える重要な水路であったと考える。地図に川の名前がないので、岡山市に聞いたところ、「名無しの排水路」であるという。この名無しの排水路、造山古墳そして津寺遺跡について、専門家は時代が違うというかもしれない。だが、それぞれ数十年、いや百年近い年月をかけてつくられている。この穴の海である時代に重なって機能したインフラであると考えるべきである。

船着き場、泊地、そして運河維持のための複合施設

その構造物の位置と構造に多くの知恵と工夫があった。彼らは現代人より頭が良い。

（1）交易のための船寄場と大溝

この構造物は港である。楯築墳丘墓がある向山に遮蔽《しゃへい》され、さらに南に微高地がある静穏な海で、多くの船が係留できる場所である。加茂遺跡など周囲に点々と微高地ができつつあった。加茂遺跡の地に住んでいた人々はこの港で働く集団であり、加茂遺跡は市場であったと考える。多くの船が寄せられるように長さ九〇メートルの突堤《とってい》（実際はもっと長いかもしれない）をつくった。

船着場、泊地、そして前述の「名無しの排水路」に続く大溝があった。私は、名無しは可哀そうであるので、この大溝を「吉備津大溝」と名付けたいと思う。隣接する微高地の加茂遺跡から鉄器、青銅器などが出土している。数百年間、山陰から日野川、高梁川経由で運ばれてきた鉄器などの高価な品々をさらに東に運ぶための、中継用の運河であったことを物語っている。足守川のこの構造物は、中継港であったことを指しているのではないか。

これは何を意味するか。百年前の造山古墳が造られた時代の交易ルートがここにあった。数百年間、山陰から日野川、高梁川から運ばれてきた鉄器などの物資を東に中継する最も重要な運河があったのだ。運河の前面に吉備津神社があることでその重要性がわかる。すなわち、広大な穴の海の中で、海全体を支配する吉備津彦《きびつひこ》が祀られているのである。

（2）二つ目は堆積防止の導水路

構造物の位置と向きを考えてもらおう。江田山（二二七メートル）の尾根が迫り、この付近の潮の流れが速くなる場所である。日に二回訪れる引き潮の流れをさらに速くし、そこに土砂堆積が起きないよう漏斗状《ろうとじょう》の構造物をつくり、泊地となる部分とそれから続く運河を維持したのである。

角度が曲がったり、杭の密度が違ったりしている。報告書に「北の部分においては洗掘と補修が繰り返されている」と書かれていることから、現場で浅い海（将来足守川になる水辺）のご機嫌を伺いながら試行錯誤で長い時間かけて、澪《みお》すじ（船が通る水路）の潮の満ち干にあわせてたえず水深を維持させてきた構造物であることが推察できる。

（3）多くの作業船の泊地

吉備津大溝は津寺遺跡、加茂遺跡の北側、そして鼓山《つづみやま》山麓をつなぎ、吉備津神社を経て笹ヶ瀬川から旭川水系、瀬戸内海から東に抜ける物流の大動脈であった。この大溝（運河）がなければ、吉備中山の南側、現在の新幹線が走るあたりを迂回して漕ぎ進まねばならず、さらにこの付近は海が開けており南風が吹くと航海は難儀した。しかし大溝を通れば、東への安全かつ穏やかな水路が約束されていた。

ところが時代が進むにつれ、このメイン航路の西側の入口・吉備津大溝が、足守川の押し出す土砂で埋没し始め、その対策として頻繁に土砂を浚うことを余儀なくさせられた。そのため、多くの作業船が従事した。その係留場所・泊地が津寺遺跡であったと考えられる。

（4）吉備津大溝の入口を守る構造物

足守川と反対側（堤内地）は泊地として多くの船が係留されたが、船の出入り口が必要であった。南側に開閉式のような入口が見られる。そこは東に吉備津彦神社の方向に延びる大溝の入口であった。その証拠に、報告書にここから東に水路があるという記述があった。

海が浅くなるにつれ膨大な水路の浚渫土が生まれる。津寺遺跡ができる百年以上前から山を造り、日本第四の古墳が誕生している。どのように土砂を運んだか？　浚ったばかりの土は大変重い。水路の脇に近くの微高地に一次土捨て場を設け、小山をつくり、天日干しにする。水分を十分抜いたあと、船で造山古墳に続く多くの古墳まで運んだのではないか。古墳での陸揚げにおいては、モッコに詰めて運んだのだろう。六世紀になって現場で土のうに詰め船で運ぶ方法がとられるようになるが、ここではどちらかわからない。いずれにしても、この港のおかげで巨大古墳はつくられたのである。

十九世紀オランダの技術と酷似

二メートル程度の杭長であり、根入れを考えれば、おそらく水深、数十センチの杭である。左側は足守川（繰り返すが当時は足守川はない、将来川になる）、右側は遊水地を兼ねた泊地であったと考える。足守川の水は木杭の隙間から遊水地に透過する。構造物に横方向の水圧が加わらない棚式突堤であった。

ただし、流れのゆるやかな場所でなければ成立しない。波や流れがあればすぐに流され、

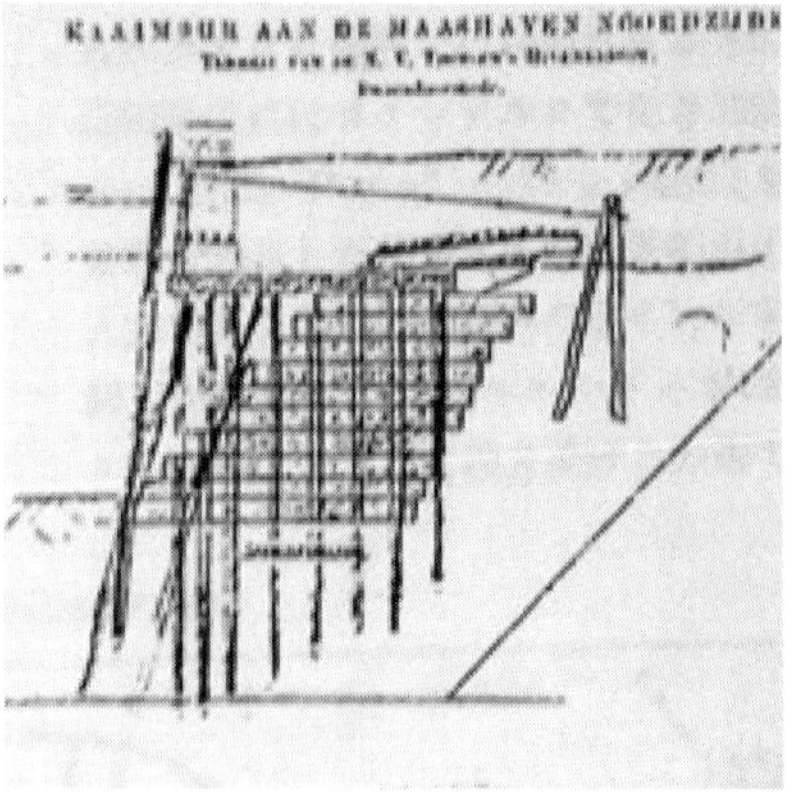

図5-1　19世紀のオランダの粗朶沈床の棚式岸壁
出典：Dock and Harbour Authority 1924

吹き飛ぶ弱い構造である。オランダの粗朶沈《そだちん》床《しょう》の技術と酷似している。桟橋《さんばし》構造は粗朶という軽い材料で背後の土圧を軽減する（この場合は背後の土圧はない）とともに、すべりによる崩壊を防いでいる。

　ここで内海（アムステルダム？）に造られた十九世紀のオランダの粗朶沈床工法の棚式岸壁を紹介しよう（図5－1）。同国は河口に溜まる泥で国土を創ってきた。「世界は神が創ったがオランダはオランダ人が創った」という諺《ことわざ》がある。

　古い資料を見ると、港の水深の大きな岸壁の、背後からの大きな土圧から崩壊を防ぐために粗朶で支えた。上部の土で被せたエプロン部分（岸壁のもっとも海側で船からの荷を下ろし、積んだりする平らなスペース）は木杭を打った棚で支えている。

　岸壁の端部の土圧をほとんどゼロにし、背後の野積場という土の部分の崩落は粗朶沈床で

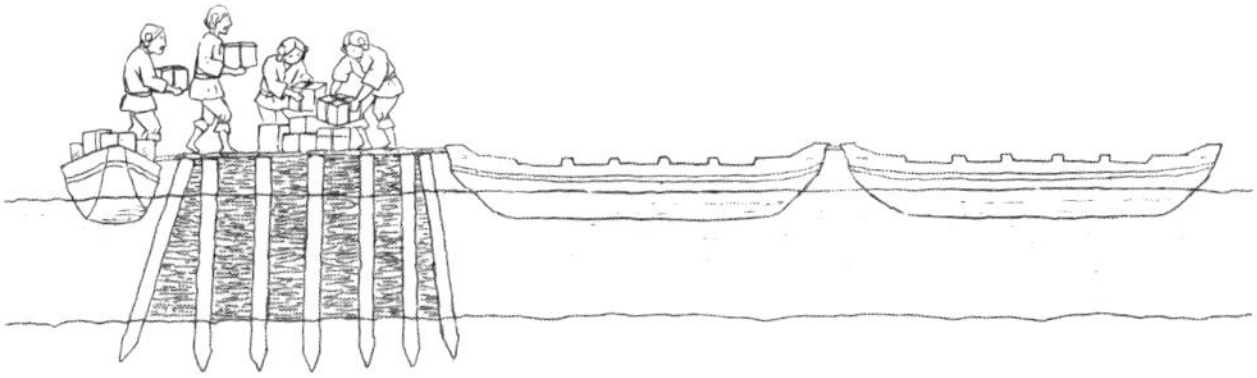

図5-2　津寺遺跡のピアー断面図

押さえている。タイロッド（土の崩壊を防ぐ引っ張り棒）で引く矢板（土留め板）構造でもある。

オランダの棚式岸壁の左半分を切り、右対称にしてピアー（桟橋）として考えたのが津寺遺跡の断面図（図5－2）である。ただ、板の上部工は流されるか腐食してなくなっていると考える。

オランダはラインデルタの軟弱地盤できた国で、石材もない。木材と海岸で生える灌木で堤防や岸壁、いや国土そのものをつくってきた。

古代の吉備の人々は19世紀のオランダ人と同じ程度に知恵があったということを証明した構造物である。この津寺遺跡の遺構を改めて正しく評価することが必要である。

なぜ、専門家は単なる護岸と考えたか

現在でこそ、多くの河川の技術者は、この国の歴史が河川舟運で支えられてきたことを学んでいる。だが、この構造物が発見さ

れた、一九八〇年代の専門家はどうであったか？　戦後の高度経済成長を支えてきた水力発電、工業用水などの河川の利用が最盛期で、防災面でもスーパー堤防などの議論が主流を占め治水、利水全盛の時代であった。古代、モノが川で運ばれたという歴史はまったく脳裏にはなかった。

当時の建設省で功成り名を遂げたある大先輩が「川は水を通す愚直な道具、浮かんでいるモノは船でも下駄でもゴミ」といっていた時代があった。縦割り行政で川と道路は建設省、港は運輸省、灌漑は農林省と専門性が高まり、総合的に見れなくなっていた時代であった。すなわち、鉄や青銅器が山陰から船で運ばれた、造山古墳の石棺や膨大な土砂が船で運ばれたという考えは、諸先輩方は思いもつかなった。専門外でやむを得なかったこともある。

だが、古代の穴の海を少し考えれば、海の中（一面泥の海）にポツンと護岸があることはあり得ない、そこは気付くべきである。

◆出雲大社は水飲み場から神殿に

出雲大社の不思議な場所

十月に八百万《やおよろず》の神々が出雲に集まり、全国の神々がいなくなるため「神無月」といい、一方出雲では、この月に稲佐の浜に神々が集まるので「神有月」という。いまでも東アジアの遊牧民では、十月に舞天という大祭がある。踊りと歌で神を祀るという。出雲には朝鮮半島東岸から大規模な民族移動が行なわれたため、最初の難民たちは大陸の神と一緒にやってきたのだろう。この民族のルーツはリマン海流に乗って日本にきた大陸民族である。彼らは不思議な古墳文化をつくり、出雲で新しい交易を始めたとされている。

写真5-3　出雲大社
写真提供：ピクスタ

最初は難民であったが、後に鉄市場をもたらし、仏教文化など新しい風を吹き込んだ民族だ。その文化は、既存の倭人の交易路にオーバーレイ（重ね合わ）されてゆく。

ここで多くを語ることはしないが、『日本書紀』は出雲を敵対する国として扱い、素戔嗚《スサノオ》を遣わし、最後には恭順させている。この歴史観は歴史的な事実とは違うように思うが、ヤマト王権の強い世界を国民の脳に植え付けることには成功した。出雲大社は、国際的な拠点であったようだ。

筆者は、島根半島と出雲の位置に前から疑問があった。安来《やすぎ》の近くにある古代出雲王陵の丘に案内してくれたタクシーの運転手は、「このあたり（出雲市から米子市まで）の山裾を掘れば古墳が無数に出てくる。宍道湖《しんじこ》や中海《なかうみ》の水の恵みのお陰である」と語っていた。

この渡来のほとんどの古墳、墳丘墓は宍道湖、中海の南縁、現在のJR山陰線に沿ってある。古墳群は島根半島側ではなくJR山陰線が走っている南側に連なっている。

出雲大社だけが、ポツンとなぜあのような島根半島の西の外れにあるのか？　神ならば古墳群の中心になければならない。まず、神が昔からいたからと文献学者はいうが、弥生時代には神はいない。出雲大社は幾度も建て直されたらしいが、古代から高い塔があったかも皆わからない。

『［決定版］古代史の謎は「海路」で解ける』で書いたが、瀬戸内海の大三島《おおみしま》がなぜ繁栄し、大山祇神社《おおやまづみ》がなぜできたか。ここでは改めての記述は避けるが、ヤマト王権が瀬戸内海の交易を支配できたのは、この瀬戸内の島を支配できたからであると書いた。『伊予国風土記』には、瀬戸内海に大三島の大山祇神、和多志大神がいたと書かれている。和多志は「渡し」の意味

図5-3　奈良時代の大社付近の水辺
筆者作成

で、航海を「助ける」専門のプロ集団を配備したのである（後に海賊になるが……）。この島でもっと重要なことは、島の中に流れる小川、水があったことである。

「出雲弥生の森博物館」の地図が語るジグザグ航海

「出雲弥生の森博物館」で新しい古代の地図を見た。千八百年前ごろの出雲平野の村の図である。そこに一つのヒントがあった。弥生時代の神戸《かんど》川、斐伊《ひい》川がつくる河口デルタの湿地帯に誕生しはじめたいくつかの小さな村が書かれていた。すでに、難民が数代にわたり定住した奈良時代の集落である。出雲大社の村だけが島根半島の端の日本海にポツンとある。余分な情報を抜いて、私が作り直した地図が**図5‐3**である。なお、西谷墳丘墓群、荒神谷は、当時はない。

今回得られた地図で、船人になったつもりで日本海から漕ぎ進もう。船は日本海から神門《かんどの》水海《みずうみ》、デルタがつくる水路をジグザグに進み、宍道湖に入るわけだ（図5‐3両矢印）。問題は一日か二日飲み水が得られない河口デルタを進まねばならないこと。つらい航海である。しかも、河口デルタは、常に航路も変わり不安定である。

大社前を通れば水が得られた

現代人には水道がある。古代は、近くに清潔な水がないと生活できない。もちろん旅人にとっても水のある場所が重要である。「神が昔からいた」と考えるのではなく、生存に必要な水を求めたから、と考えたほうが正鵠《せいこく》を射ているのではないか。

古代の出雲大社に船乗りになった気持ちで西の海から航海しよう。

丸木舟で一日一〇キロ～二〇キロの航海を繰り返すことはつらい。ショートカットできればそれに越したことはない。船乗りなら誰でもそう考えるだろう。稲佐の浜から船を揚げ、一キロほど引っ張り、現在の堀川の水路に戻せば、二日近く時間が節約できる。言い換えればショートカットできるのである。

以前、私は昔の資料を引用して「古代人は簡単に日本海から宍道湖、そして中海から美保湾に抜けられる」と書いた。誤りではなかったが、正確さを欠いていた。今回はピンポイントで航路が見つかった。そして、飲み水もあった。大社の宝物館の神職さんが教えてくれた。水があったのだ！　境内の古い発掘調査（弥生時代か？）によれば、「昔、この神社の拝殿がある、境内の真ん中を、二本の川が交わるように流れ込んでいた」という。社殿に向かって右側が吉野川、左側が素鵞川《そがかわ》という。だから、多くの船は島根半島の西の辺鄙な場所に寄ったのだ。これで謎が解けた。

もちろん、その時代に大社の建物も巨大な塔（宇豆柱《うづはしら》）もない。宇豆柱は鎌倉時代にできたといわれている。水場の位置が拝殿、塔は鎌倉時代につくられたという。これも柱穴しかなく、どの位の高さかわからない。小さな灯台はあったかもしれないが、巨大な塔は時代が違うので塔の詳細は割愛する。

このように、古代人の脳で考えればすぐにショートカットに気付くのである。

神々（船乗り）の盛り場であった西谷墳丘墓群

集まる場所としては何の変哲もない、といえば失礼であるが、どうしてこの稲佐の浜に神々は集まったのだろうか。神とはお宝を海の向こうから持ってきた船乗りではないだろうか。船はそのまま浜に揚げて、船乗りが水を求めて集まる場所とすれば納得できる。宿舎として十九社（大社境内）がある理由もそれでわかる。

大社の前を通り宍道湖に抜けるショートカットの水路・堀川がつくられたのもそれで腑に落ちる。後に松江杵築往還《まつえきずきおうかん》（松江と杵築を結ぶ道）になる水路がある。稲佐の浜が『出雲国風土記』に登場したのは納得である。

もう一つ、稲佐の浜に集まった神々（実際は船乗り、旅人）は、我々が仕事の後に会場を移して騒いだように直会《なおらい》をしたのではないか。彼らが向かった先は、出雲市駅の近くの万九千《まんくせん》神社だろう。どうも神も人の子であるようだ。出雲市駅の少し東、山陰本線の斐伊川鉄橋を渡った少し下流にその神社はある。とても大昔からあったとはいえない場所で、後の人の創作かもしれない。ここは斐伊川のデルタ氾濫原であるから、神社を創建できる場所ではなかったと考えられるからだ。

写真5-4　西谷墳丘墓群
写真提供：出雲弥生の森博物館

だが、その対岸に出雲最大の遺跡、西谷墳丘墓群（現在の弥生の森博物館）のそばにある。三、四世紀には国際化され、一番繁栄していた場所になりつつあった。なぜ繁栄したのか？　国際関係の中で、後に述べる傭兵・奴隷交易が進み始めた時代であったからだろう。

倭人だけでなく、新羅、高句麗を含め、多くの船乗りはそこで大いに羽目を外した。実際、遺跡の状況からこの巨大四隅突出型墳墓の上で出雲大社からの船人が大勢で酒を飲み、宴会を開き、共飲共食の場所であったと、専門家は語っている。古墳の上での直会がいつしか近くの神社に移ったと考えるのも面白い。

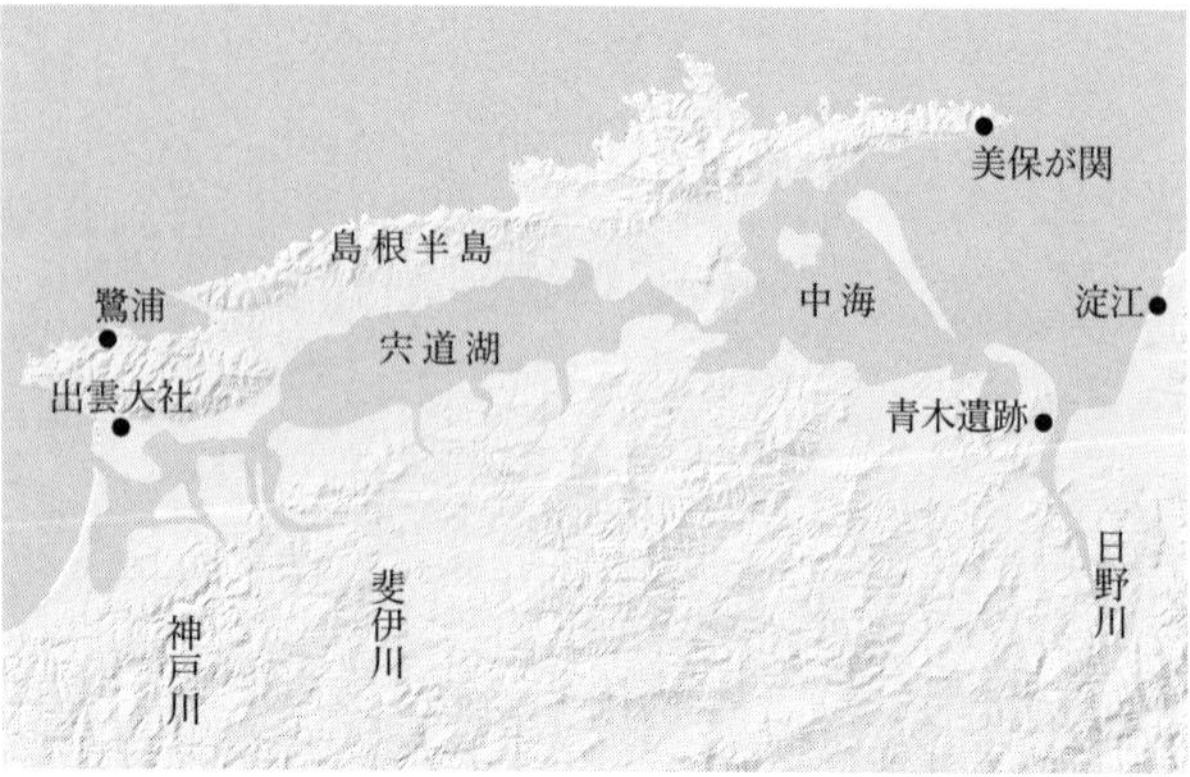

図5-4　奈良時代の宍道湖と中海
筆者作成

倭の五王の拠点か？　青木遺跡

米子市の青木遺跡は鳥取の青谷上寺地、佐賀の吉野ヶ里に並ぶ大きな遺跡である。しかし、なぜが繁栄したのか？　あまりよくわかっていない。

ここの地形を詳しくみてみよう。中海に入るには、有名な境港がある境水道から船が入る、と考えるのは間違い。現在の全長一七キロメートルの弓ヶ浜は、六世紀以降のたたら製鉄の時代にできた。倭国の時代は境港から船が入ったのではなく、米子市の青木遺跡周辺から入ったはずだ。

水が飲めるだけでなく、水運の便利なところであった。美保湾と中海、日野川をつなぐ要衝の地である。この遺跡で竪穴住居跡、掘立柱建物跡、貯蔵穴、古墳などの遺構が数多く発見されている。この地は、古墳時代に移行する初期の墳墓として、弥生時代から平安時代まで栄えたと思われる。倭国の交易から傭兵・奴隷交易の時代まで発展したのだろう。

青木遺跡に人が集まるのは、当然の流れであった。大きな遺跡があるのは、水がそこにあったからであり、交通が至便であったことも理由として考えられる。

五世紀の倭の五王の時代、『出雲国風土記』の国引き神話の八束水臣津野命《やつかみずおみつぬのみこと》の一節に「高志（こし：北陸）の都都《つつ》の三埼《みさき》に向かう」というのがある。これは、現在の能登半島の珠洲《すず》市の先端の岬に行ったという話である。異説もあるが、私はこれが史実であろうと考えている。その八束水臣津野命の集団の拠点、そして倭の五王武の拠点がどこにあるか。今まで出雲付近の遺跡とだけ考えていたがこの青木遺跡にロマンを感じる。

しかし、江戸時代になり北前船が沖を走るようになると、半島の北側の鷺浦《さぎうら》、美保関《みほのせき》から淀江《よどえ》に寄港する。宍道湖、中海を通らなくなる。そのため、この遺跡も出雲大社も衰退する。塔も消えた。

第六章

古代人は治水を考えなかった

◆「治水」は現代技術者の大いなる錯覚

古代、水を制御できるまともな技術はなかった

我々はコンクリートや鉄に慣れている。現在ではアーチ式のダムで数百メートルの水位差の水を止めることができるし、巨大な水路の流れを誘導することもできる。では古代の材料ではどうであったか？

石、木材や竹、土について考えてみよう。

〈石積構造物〉

現在はサロン化されてしまったが、ＰＩＡＮＣ（一八八五年設立）という世界の運河、港湾の技術者が集まる国際組織があり、十九世紀ころまでは港湾や運河の技術交流が真剣に行なわれた。その中で、近世の石積みの閘門《こうもん》でどれだけの水位差が保たれるか調べた人がいる。二〜三メートル程度は持つが、水位差が四メートル程度になると危ないと書かれていた。

簡単にいえば、静水圧が二乗で増えてゆく。ある限度を越えたら、石も耐えることはでき

ない。石の間から噴き出す水が止められない。とくにヨーロッパでは冬場に結氷するのが厄介である。場合によっては、すべり面ができ崩壊に至ることが書かれていた記憶がある。

古代からこの国の石材は丸石であった。奈良時代に高梁川《たかはしがわ》の十二箇郷用水《じゅうにかごうようすい》に造られた湛《たた》井堰《いぜき》は、井桁《いげた》という木の枠組みに石を詰めた井堰であったが、石のブロックを積み上げる技術はなかった。井堰とは、松丸太でつくった底枠を川底に沈め、そこに川石を詰め、さらに上枠を置いて川石を詰めてゆく構造物で水密性に欠けていた。

湛井堰は一つの歴史をつくる優れた土木技術であったことは間違いないが、流れの速い大河川では難しい技術であった。

〈木や竹の構造物〉

古代には木材や竹、筵などで川を堰き止めて農業用水を取水する堰が全国に登場する。中国で紀元前3世紀、李冰《りひょう》が成都郊外を流れる岷江《びんこう》に都江堰《とこうえん》という大きな堰をつくったが、洪水が来ると流される転倒堰であった。今はコンクリートのダムになっているが、木、竹でつくった古代の模型が飾ってある。人の背丈を越えるほどの高さの堰で、その自然にやさしい技術は広く伝わったと考える。

〈土堰堤〉

土で造ったため池の堤は存在するが、古代において流れの速い水流を閉じこめるような堤防はできなかったと考える。

奈良時代に狭山池では高さは六メートルほどの土堰堤ができたとされ、日本初のアースダムが完成した。後述するが、アラガシやウラジロガシの葉がついたままの小枝で、盛り土と敷葉を一〇～二〇センチメートル間隔でサンドイッチのように積む「敷葉工法」でつくられた。

だが、その程度の技術しか知らない古代人が川の流れを変え、洪水を止めるような治水工事は夢想だにしなかったと考えてよい。そもそも、古代には現在でいう「川そのものを治める」という治水という概念はなかった。

お断りしておくが、河川の技術だけを批判しているわけではない。港や道路の技術も未熟であった。明治以降、西欧の近代技術の導入によってようやく整備が進められたことを忘れてはならない。

概念の整理が必要である古代の「護岸」

別の具体例を見よう。

写真6-1　青谷上寺地遺跡の木製堰堤
写真提供：鳥取県とっとり弥生の王国推進課

青谷上寺地遺跡に弥生時代の護岸だといわれている矢板構造物がある。この遺跡で注目すべきは、矢板がしっかり板材になっていることである。槍鉋《やりがんな》などの鉄の工具が日本海側で使われていたことを示していることになり、驚かされる。

ちなみに、同様の護岸が同時期に大阪府八尾市の久宝寺にも出土している。

一メートル前後の高さの盛土である。この矢板も護岸と言われているが、いったい何を護っていたのか？　繰り返しになるが、弥生時代は田畑、掘建小屋を護るためのものではない。前にも述べたように、私は舟を通す運河の護岸(Revetment)だと考える。

写真6-2　三内丸山遺跡の道路法肩の矢板
写真提供：三内丸山遺跡センター

運河で一番面倒なことは第五章の岡山・津寺遺跡の頃で紹介したように水路に土砂が溜まり、浚わなければならないことである。その作業の多くは人が腰まで浸かり土砂を上げるつらい作業である。板で護岸をつくったのは法面からの土砂崩壊を防ぐため、流れをスムーズにし土砂堆積を少なくするためであった。運河の護岸即治水ではないのである。

なお、このような木製の杭は縄文時代から使われていた。数千年前の三内丸山遺跡の北道路(道路といわれている)の法肩《のりかた》(人工的斜面の上端)は、直径二〇センチメートル、長さ一・五メートル程度の栗の材(板ではなく棒)で押さえ、崩落を防いでいる。日本最古の道路の木製擁壁である。下に水がないので護岸ではなく、道路の崩壊を防ぐための擁壁である。

当時は鉄の工具がない時代、どうやって材をつくったのか、興味が尽きない。

三内丸山遺跡センターの学芸員の方に質問したところ、直径の細い材に楔《くさび》を打ち込み細かく器用に裂いていったのではないかという回答であった。

これでもせいぜい一メートル前後の盛土である。英語でいうRevetmentの壁である。この矢板に、治水は難しい。

治水という言葉を英語に訳すと、Flood Control, River Improvement, River Managementなどがある。そこには、川そのものをどうするのか、何の目的で川をいじるのかという根本的な議論が存在しなければならない。そして、確かな工法への分析も必要である。今は古代人の造ったモノがすべて河川の護岸になっている。

「つくった」「やった」という文字に騙されてきた

奈良時代の正史である『続日本紀』から、治水の記録が多く登場する。天平宝字《てんぴようほうじ》六年（七六二年）の旧大和川の堤防修理などが書かれているが、これはため池、灌漑水路の整備で、現在のような水害から街を守る治水とは概念が違う。静水圧だけが掛かる構造物であるように思われる。

ため池が必要になってきたのには理由がある。古墳時代には灌漑用水路、ため池を古墳の土盛りをすることで造ってきたが、古墳がなくなり、各地でため池をつくる必要が生じたのだ。

和気清麻呂の大和川開削について、どのように解釈されているか？　和気清麻呂は、七八八年に大和川開削を行なった。現在の大阪市東住吉区のＪＲ東部市場前駅付近から北西の四天王寺領の方向に、海面よりかなり高いところを掘削している。放水路にしては不思議だと安村俊史氏は『大和川の歴史』の中で語っている。海まで掘削ができなければ放水路ではない。

では、『続日本紀』のこの付替え部分の宇治谷《うじたに》孟《つとむ》氏の解釈はどうか？　「河内・摂津の境に川を掘り堤を築きたいと思います。荒陵（大阪市四天王寺付近）の南から河内川（旧大和川が分かれる平野川のことであろう）を西方に導いて海に通じさせます。そうすれば肥沃な土地がますます広がり、開墾することができます」。

ここでは洪水の放水路とはいっていない。江戸時代の大和川放水路とは違い、灌漑目的の用水といっている。

わざわざ大和川の河口デルタの不安定な場所に、治水のために斜めの放水路をつくる必要はないし、前に述べた二、三メートルの土盛りの技術では堤防はできない。私は、四天王寺の所有地から収穫物の米や綿を運ぶための運河掘削の要請があり、浅い水路を掘ったと考える。江戸時代に大和川放水路をつくっているので現代の専門家は放水路と勘違いしたのだろう。

結論をいえば、八世紀初頭に始まる律令国家のもとでは、中国の制度を模倣した形だけの治水であり、制度として定められた机上だけのものであったと思われる。

古代狭山池の敷葉工法

百舌鳥古墳群から古市古墳群の間に西除川と東除川が流れている。河内・大和大運河が機能停止したときは、この二つの川がため池群をまんべんなく潤し、堆積した土砂は浚って古墳に運んでいた。古墳もなくなり新たに灌漑システムを考えざるを得なくなったのである。

七三一年（天平三年）に行基上人が改修し、天平宝字七年の七六三年の後、鎌倉、慶長、江戸、明治そして昭和の改修まで続いてきた。当初の堤高約六メートルで、現在はその三倍近い堤高一八・五メートルになっている。

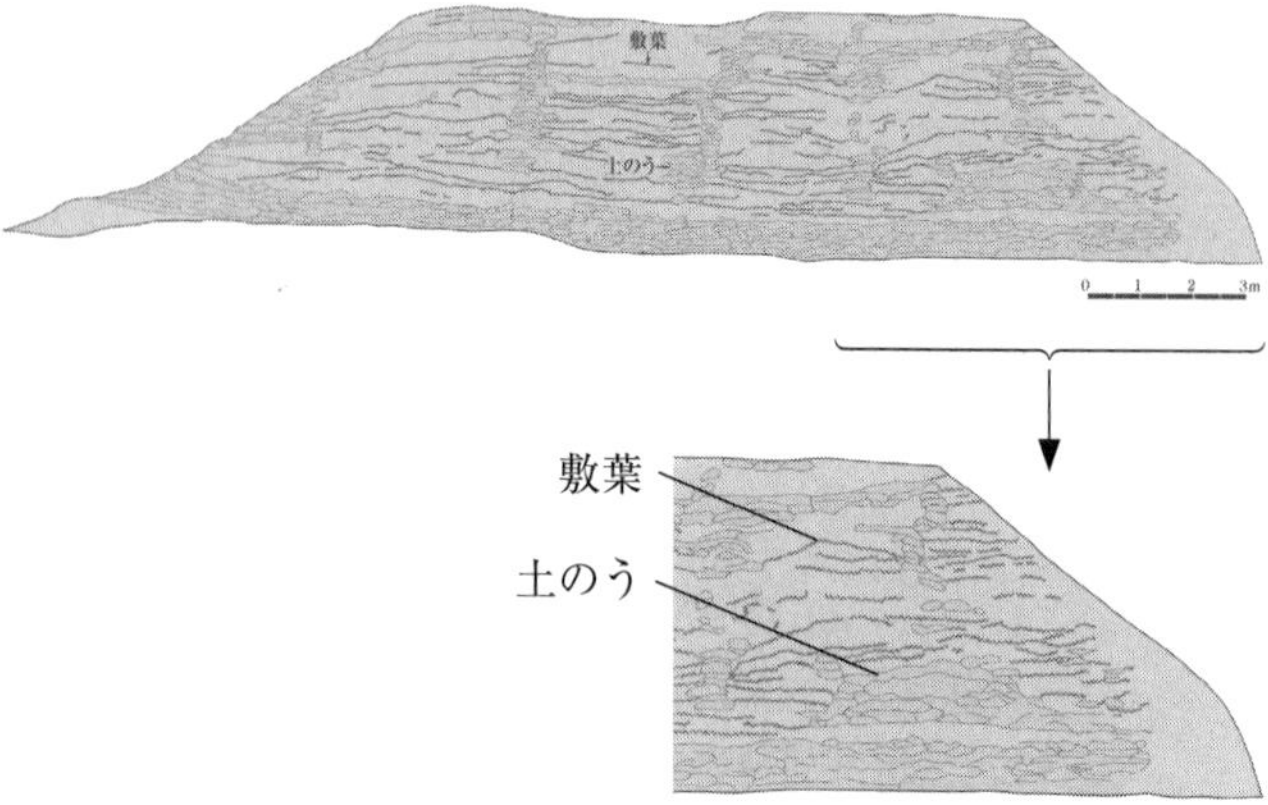

図6-1　狭山池の敷葉工法による土盛り
提供：大阪府立狭山池博物館（上部の写真）

長い歴史の間、技術が徐々に進歩し、貯水量を多くしてきた。慶長期には、長さ三〜五・三メートルの木製枠工など、新しい技術で建設されている。見ると一九メートルという巨大な堤防であるが、実は古代の部分はわずか堤高六メートルである。そのときの構造図を図6－1に示す。

この古代の盛土には敷葉工法という技術を使っているという説明は前に行なった。この技術は盛り土の補強・圧密促進とともに、土の堤に浸透した水分を抜き去るドレン（導管）効果があるとある専門家は語っているが、この説明はどうも間違いであるように思われる。ドレンという用語は医学用語で血液を抜くという意味であるが、土木では同様に、透水性の砂や化学繊維の層を挟んで土中の水を抜くという意味になる。しかし単に葉っぱを敷いただけでは、圧密効果は少ないしドレン効果も少ない。効果はまったくないといってよい。

少し、ドレン工法を説明しよう。現在の市販のドレン材を見てもらえればわかるが、厚さは最低一センチから数十センチという厚い化学繊維のマットレスである。現在は繊維でできているが、昔は、太い袋に砂を積めて所要の場所に大勢の手作業で並べた。関西国際空港などの巨大工事では鉛直に巨大な杭を打って周囲の粘土層の水を抜いた。サンドドレン工法である。

当時現場で監督が検査を行なうとき、横でも縦でもドレン材がつながっていることを検査する。施工不良でドレン材が切れるとその部分の水は永遠に抜けない。水が抜けてやっと圧密が促進されるのである。水路《みずみち》を付けるためのドレン材として切れる葉っぱをいくら積み重ねてもほとんど水は抜けない。

葉っぱだけではない。土のうを縦方向に積んだ箇所があるが、連続していないが、その目的はドレン効果ではなく、堤体の安定と滑り防止である。

葉っぱの目的は盛土の滑り防止である。滑りにはおおまかにいって直線すべりと円弧滑りがある。よく起きやすいのが円弧滑りである。盛土の斜面が円弧状（よりわかりやすくいえば、曲線状）になったときに滑りが発生し、盛土が崩れてしまうのだ。博物館では堤体の、崩壊、すべりを防ぐためと説明しているので正しい説明である。

昭和四十年代ころから、計算機で、崩壊、すべりの危険個所を見付けることができるようになった。

それ以前では、危険個所がわからない。施工する先から盛土がゆらゆら動き始める。雨が降ると一気に滑り、崩れた。当時は両サイドからバランスを考え静かに土を盛る。固化材をあわてて盛土に入れ、あるいは杭をうったり対策をした。行基の時代には経験的に滑りを防ぐために彼らは葉っぱを敷いたのである。

この敷葉工法は土の強度（結びつき）を増すことで、盛土のせん断力を強化し、滑り面ができるのを抑え、ある程度安定した土盛りができた。だが、効果は数メートル高く盛れる程度の技術であったと考える。時間を掛けて盛土をしたのだろう。技術をきっちり説明してあるのはうれしい限りである。

この敷葉工法や前述の井堰の技術は朝鮮半島からもたらされたらしく、鏡や鉄と同じように交易と一緒に技術も伝わってくるという興味深い話である。

◆大和川の災害は人災

亀岩は「大昔のまま」という専門家の呪縛

大和川は、奈良盆地の初瀬川を源流とし堺市に流れている、総延長五八キロメートルの一級河川である。奈良盆地ではその他の諸川を集めて金剛山地の切れ目・亀の瀬から流れ下る。中世まで奈良湖という大きな湖とつながっていた。

亀の瀬から大阪平野に出て石川と合流し、長瀬川など幾筋もの川で古い時代の湖（河内湖）に水を注ぎつつ、上町台地の北で淀川の本流に合流する形で海へと出た。河内湖は大阪湾の海水が出入りする汽水湖であったが、近世において大和川がつくるデルタの土砂で急速に埋まっていった。江戸中期に淀川方面に北上していた河道を付け替えるために、西に向けて放水路がつくられた。古代は穏やかな川が、中世以降突然暴れ川になった。

第一章で取り上げた当地の専門家との議論に話を戻そう。亀岩という昔からの石があり、それはそのままだという。筆者が「そんなことあり得ない。河内堅上《かわちかたかみ》付近では底は削られてV字谷川に変化している。石も削られるのが常識ではないか。昔あった滝もなくなっている」と言うと、「亀岩は昔から同じ位置で変わっていない、滝は削られない」とおっしゃる。

第一章で紹介したように古代、中世と現代の川とは大きく変わっている。私はこの方々は「亀岩の呪縛」にかかっていると感じた。

亀の瀬の地滑りのメカニズム

亀岩とは、関西線の三郷駅より一キロメートル下流の峠地区（大和と河内の境）にある岩である。古代から地滑りを繰り返した場所の中心より少し下流にある岩である。

亀岩の周辺では奈良県三郷町、王寺町と大阪府柏原市にまたがる一キロメートルの区域が盛り上がっている。大和川の流れを、二つの瘤《こぶ》のような土塊が、北から南へ幅一〇〇メートルから二五〇メートル、約一キロメートルにわたって押し出している。地図からそれがわかる。大和川が河内平野に下る渓谷にある。

推定土塊量約一五〇〇万立方メートルに及ぶ、特異な火山性土塊の地すべり地帯があり、数百年単位でゆっくりとすべっているという。

土塊の最先端は、並行して走る国道二五号線の少し南付近、関西線のトンネルの傍まで続いている。特徴的な点は、すべり面の標高差は約一〇〇メートルあり、大和川直下付近がすべり面の一番低い位置にあたる。国土交通省によれば、巨大な上部の土塊は大和川の下流側の河床の下にすべり込み、水を含み軟弱化した河床部分の土塊を持ち上げる力が常に働いている。二つの塊がバランスをとっている（一九七ページ図6－2）。

河川の宿命であるが、河床の土塊が削られる。ある程度削られると、河床が隆起し、バランスを保っている。この繰り返しの作用により、常に川が堰き止められた状態がつくられ、自然に湖ができていた。少なくとも飛鳥時代以前から堰き止めてきたと考える。それが奈良湖を守ってきた。

川の下から河床が盛り上がるので、表面上はこうした土砂の動きはみえない。

河床を九メートル押し上げた昭和の地すべり

昭和の地滑りは三度あった。一九三一年（昭和六年から）から翌年にかけてと、一九五三年（昭和二十八年）、一九六二年（昭和三十七年）である。昭和六年に発生した二回目の地滑りは大規模なものであった。十一月二十七日に亀の瀬渓谷北側において斜面に亀裂が発生、亀裂は徐々に拡大し、傾斜地の農地、住宅、そこに走る関西線の鉄道トンネル、橋脚、道路をゆっくりと破壊、南に三〇メートル、三二ヘクタールの土地（土塊）ごと南にスライドさせ、大和川の河床を九メートル押し上げたのである。

この地滑りは渓谷のインフラをすべて破壊した。九メートルという数字に注目すべきである。結果、大和川は河道閉塞（大規模な地滑りやがけ崩れにより、川の水流がせき止められること）を起した。地盤の低い王寺町藤井地区では住宅数十軒が床下浸水し、さらに上流部まで被害が広がろうとした。

国と奈良県はトロッコを用いた人海戦術で崩れた土砂を懸命に搬出し、水が溜まる時間と競争して被害を最小限に被害を抑え、河道を解放した。仮の話であるが、そのまま放置すればどうであったか？　おそらく九メートルではなく一〇メートル以上河床は盛り上がったであろう。昭和の奈良湖ができたかもしれない。ということは堰が常に四〇メートル付近に維持されてきたことを意味する。

上流の王寺町では床下浸水が一部あり、小さな湖ができあがりつつあった。私の感覚では、一〇メートル以上上がったということは、ここの河床標高が現在約二四メートルであるから、瞬間的に三四メートル程度に盛り上がった土堰堤《どえんてい》になった。そして、そのまま何もしなければさらに盛り上がり、土堰堤の内側に水が貯まって昭和の奈良湖ができていたわけである。大急ぎで土を浚って水を流したので、大事には至らなかった。

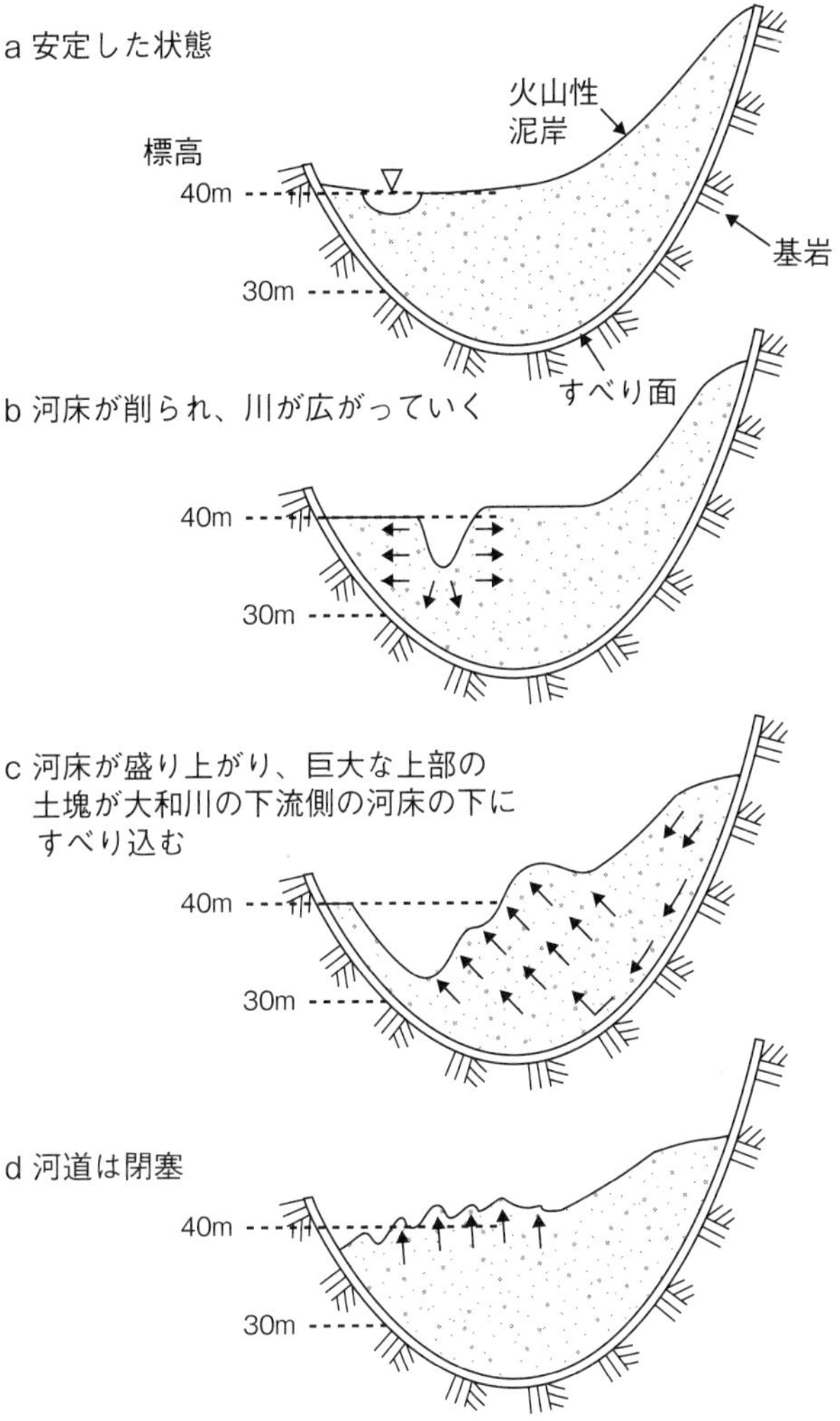

図6-2　亀が瀬崩壊のメカニズム
筆者作成

昭和三十七年の崩落の後、巨大な杭をすべり面の最下部まで打ち込み、土留め復旧工事を行ない、鉄道、道路は大和川の左岸に付け替えられ、今日に至っている。

昔の亀岩と今の亀岩は違う

この地滑りは大きな事件であったが、全体の河道変化は微々たるものであったことがわかっている。私は地滑りが起きる直前の大正十一年の旧陸軍測地部の地図とその後の地図を、地図上で比較してみたがほとんど変化はない。

やはり、大和川は地滑りと隆起を繰り返すことで結果的にバランスが保たれているといえる。河床がかなり削られるとゆっくり河床が盛り上がり、右岸も崩れ始める。水に削られ、再び安定する地滑りを起す。地質年代的に何百回、何千回も繰り返してきた。

亀岩は上を削られても、同じ位置で下から盛り上がる。昭和の地滑りの場合、盛り上がった場所は少し上流で、全体への影響はなかったという。

しかし、だからといって亀岩の位置が昔から変わっていないとする研究者の見解に与《くみ》することはできない。

亀岩の位置が変わっていないと主張する根拠は、「大和名所図会」における亀岩の位置が、今と同じということらしい。「大和名所図会」とは寛政三年（一七九一）に描かれた、在原業平の「千早ぶる神代もきかず龍田川からくれないに水くくるとは」の歌に描かれている亀の瀬（龍田川と書かれている大和川である）の絵である。この図会には、写実性がない。

もう一つ、江戸時代の絵図がある。一七〇四年以降の図会である。大和川が付け替えられて以降の、新大和川河口の堺市から、堰の上の三郷町付近までの地図である。国役普請堤を支配した大阪代官の関係者が維持管理、紛争調停のための目的でつくったといわれているので、かなり正しい図である（口絵3）。

堺市博物館はこの図を「大和川筋図巻」と名付けている。そしてこの図は亀の瀬の部分を拡大したものである。その時代、亀岩のすぐ上流に川幅二三間（四一メートル）とある。

さらに図を見ると亀岩はすくなくとも川幅の三分の二の大きさ、長さ一〇メートル幅二〇メートルはある。首だけ出しているような今の小さな岩とは違う。

河床がV字谷に削られ、一〇メートル下がっているのにもかかわらず、岩が動いていないというのはおかしい。そんな結論に私は達したのである。

洪水は奈良湖を無くしたことによる人災

この絵図には川幅三間一尺（六メートル弱）の幅の滝がある。「滝から亀岩までおよそ六十間」とある。すなわち、およそ一一〇メートル上流である。この滝はなんだろうか。

関ヶ原の戦いで徳川方になり、平群郡《へぐりぐん》に所領を得た片桐且元《かたぎりかつもと》が、領内の米を大阪に運ぶために、慶長十四年（一六〇九）、亀の瀬を開削（カット）をしたとある。どうも、彼が切った場所ではなかろうか。

滝を切った場所から、大量の土砂が大阪平野に流れ始めたと考える人も多い。筆者もそう考える。ナイヤガラの滝も、日光の華厳の滝も削られて、毎年かなりの後退している。

つまり、土堰堤に一度切れ目を入れると、開口部はどんどん流速が大きくなる。周囲の岩肌を激しく削る。ダム湖として機能していた奈良湖の水位が下がる。湛水量が減る。減れば上流の洪水が直接、強い流れとなって土砂を押し流し、さらに下流の河床を削るという繰り返しを始める。上流では滝が移動し、やがて地すべりが起こり土が造っていた盛土が消える。下流では谷は深く削られV字谷をつくっていった。ついに数万年間、川を落ち着かせていた堤体そのものを流し去り、洪水が起きやすくした。と同時に、地すべりが起きても不思議ではない不安定な亀の瀬になった。

堰の滝を切ったことが堰を無くし、大量の土砂を流し始めた。松岳山《まつおかやま》古墳、高井田横穴やその後の田辺廃寺、片山廃寺など、柏原市のかつて繁栄していた多くの遺跡が消えたのは、大和川の河床が下がり過ぎた結果とみている。そして、奈良湖もその姿を消してしまった。

大和川の水位が高い状態でV字谷で削られなければ、柏原市の多くの遺跡は現在の奈良の都の寺院のように燦然と歴史に輝いていたであろう。そして、大阪市を中心とする大阪平野の一部は依然湖の底であったかもしれない。

大量に流れ出た土砂は、洪水の度に大阪平野に被害を与えてきた。土地（大阪平野）ができたことは人々にとっては大きな幸せであった。だが、洪水被害も増えてきた。それを防ぐべく十八世紀初頭に、泉北台地、河内台地の付け根を横断、上町台地を縦貫する形で放水路がつくられた。一七〇四年の大和川の付け替えである。人間は勝手である。土地はできるのはよいが災害は困る。大和川の災害は人間がなせる技であった。

◆難波津の港もできなかった

難波津は『日本書紀』による捏造

河川の治水だけはない。大阪湾に面していたとされる「難波津」の造成も、当時の土盛りをしたり、開削する未熟な技術ではできなかった。前書でも書いたが、重要な点であるので再び書かせてもらう。七世紀初頭（六〇七年）、第二回遣隋使で裴世清が返答使として倭国にやってきた。『日本書紀』には難波高麗館に泊まって海石榴市《つばいち》（古代の市）を経由して京（小墾田宮《おはりだのみや》）に入ったとされている。

この条があり、難波津から大和川を通ったというのが文献学者の定説になっている。調べてみると高麗館の存在も不明である。『日本書紀』が書かれた時代、前期難波宮の建設が進んでいたので、将来大きな都となると考え難波津と書いたのだろう。

第一章で述べたように摂播五泊ができても、外国の要人を迎える港は難波津にはなかった。どうしても、『日本書紀』の編者は、縄文時代からヤマト王権が瀬戸内海を支配し、『隋書』に記録がある裴世清を難波津に登場させたかった。神武東征で軍を瀬戸内海に進めた話、瀬戸内海と吉備を制覇した物語もおかしくなる。だが、難波は軟弱地盤で、潮の流れもあり、港はできなかった。技術は嘘をつけないのである。

大和川を上った話もしかり、この川は下流になるほど浅い。つなぐ港がなかったからこそ七世紀ころまで河内・大和大運河が使われていた。馬で行けば樟葉から一日でゆくところ、賓客を乗せてごりごり河口から浅瀬を浚渫しながら数日掛けて大和川を進んだと考える人もいる。

瀬戸内海は港がつなげなかった

仮に難波津があったとしても、日本海側の倭国のように、港をつないで航海することはできなかった。大阪湾から播磨灘につなぐ港がないのだ。当時の船は、必ず夜は停泊しなければならなかった。

最大の問題は、大きな船か小さな船を問わず、当時、瀬戸内海の西部（安芸灘以西）は通れなかった。瀬戸内海も、航海中に停泊する港がなかったのである。

私はこれまで、「古墳時代、鉄は瀬戸内海を東に動いていたのか」という質問を多く受けた。答えはＮＯである。忘れてはならないことだが、瀬戸内海では潮の流れが強い。倭国の交易と同じように、港（集落）をつながねばならないが、市を開ける港が連続する状態になったのはかなり後のことである。往時は物々交換の時代である。瀬戸内海の島の古墳に一つ、二つ、ぽつん、ぽつんと鉄器があったとしても、海路が開かれていたことにはならないと考える。

瀬戸内海は水が飲め、港になるところが少なく、大きなネックであった。大きな船も、小さな船も夜は泊まる。八世紀になるまで港もなかなかできなかったのである。

遣唐使も八世紀まで安芸灘まで陸路を辿って、そこから船に乗っている。西瀬戸内海への航海はそれほど難しかったのである。大阪湾から大型の船・遣唐使船が出航したのは八世紀、『続日本紀』には、七三三年五月二十四日、大船を建造して遣唐使が出発したとある。第九回遣唐使船である。

解けなかった山崎地峡の謎

このように大阪から西の瀬戸内海に漕ぎ進むのは難しいことだったが、淀川を上り北の京に向かうのも一筋縄ではいかなかった。

神崎川の開削は京までの航海において、二つの宿を提供したに過ぎない。

尼崎の河尻、江口から京都に上ることを考えたとき、最大の謎は、「標高二〇メートルの山崎地峡を越える」ということである。高槻市の文化財関係者に尋ねたが、わからないという。私なりに航路を想像するに、安満遺跡（三島江）がある檜尾《ひお》川河口から、上牧《かんまき》新川の河口部、梶原、神内の弥生遺跡の低湿地をつないで砂岩層に小さな溝を掘り、水無瀬《みなせ》川の河口部に到達したと考える。

私は、後鳥羽天皇の離宮・水無瀬殿下御所が建てられていた場所に鍵があると考える。平安時代の初めに船寄せ場があったのではないか。水無瀬という名前の通り、船をゴリゴリ押して地峡を抜けたのではないだろうか。これは私の推論である。まだ、謎が残る。

なぜ、京都が千年続いたか

京都の場合、運よく賀茂川が北から南に流れるよう土地が傾斜していた。上京の上流部を賀茂一族が昔から支配し、遷都のときにはすでに上水の水供給システムができていた。また、秦氏が灌漑用水を桂川から引き入れていた。水運として淀川の側方運河として利用された神崎川があった。

問題は平城京でも苦労した公衆衛生であった。平安時代の京都も例外なくすぐに糞尿まみれのマチになった。京の都大路の発掘調査によれば、築地《ついじ》塀の裏は公衆便所であったという。大勢の糞尿で固まった糞石という塊が側溝や築地の至る所で発見されたという。公衆便所がなかったからである。さらに側溝には馬の死骸、行き倒れの死体まであったという。

公衆衛生の対策がない都が、千年以上も続いてきたのは、皮肉にも首都である京の治水対策ができなかったことによる。平安時代末期、時の権力者白河法皇の有名な「意にならぬもの、賀茂河の水、双六の賽《さい》、山法師」いわゆる「天下三不如意」の逸話がしっかり答えを出している。繰り返される洪水が都を洗浄し、千年の都を常に洗って浄化してくれたのである。度重なる洪水が増え続けようとするスラム街の糞尿を水に流し、市街地の衛生状態を保ってくれたおかげで、街を維持することができたのである。

前述したが、天正六年（一五七八年）五月、信長が中国攻めを始めようとしていたとき、京都では大雨が三日三晩降り続き、洪水が起き、四条河原町付近まで水につかったという。しかし、一ヵ月後の六月十四日には祇園祭が催されたという。すぐに水が引く町だったのだ。

室町時代に描かれた「洛中洛外図」にもその答えがある。板張の屋根、板葺土間、網代壁《あじろかべ》の粗末な家並が続いている。水害で流され、壊されても、また、たくましく建て直しができるマチの姿がそこにある。洪水にうまく耐える術《すべ》がこの都にはあった。江戸の町の三百年は、水ではなく火、火事で発展し続けたことも書き加えておく。

あとがき

北海道から九州まで一〇〇ヵ所近い資料館、博物館と現場を訪れた。電話取材もさせていただいた。ここに筆者の知的満足を与えていただいたすべての方に感謝申し上げたい。だが、ご当地の博物館、資料館の展示、説明とは大きく違う内容を数多く書かせていただいた。お読みになった中には気分の良くない方もおられただろう。ご立腹の段、心からお詫び申し上げる。

どこの馬の骨ともわからない歴史の素人が古代人の脳に分け入ると称して、技術を軸に歴史の面白いところをだけを切り取らせていただいた。僭越ながら技術屋として、港や河川のこれまでの誤った技術観、認識を指摘させていただくことで、一味違った国土像を表現したつもりである。

最後に一言。この国の民は絆で結びあいながら技術で危機を逃れ、民族融和を図りながらインフラ整備を進めた。その結果、豊かな国ができたと考える。

ご批判、叱責を戴ければ幸いである。

なお、ここで利用した地図の標高や距離は現在の「国土地理院GSIマップ」のツールを利用した。標高で地形の大きな変化がある場所については、著者が現地の文献、遺跡の状況、地形の変化（堆積か流失）を総合的に判断して決定した。

参考文献

本著は、著者の古代史観を反映したもので、技術の解説は著者の経験に基づくものであることを附け加える。参考にはしなかったが、文献学として歴史の流れをつくっている書物『日本書紀』、『続日本紀元』、陳寿の『魏志倭人伝』を紹介した。

海外文献として参考にした文献、資料

National Geographic Society, "*Men, Ships, and the Sea*", Dock and Harbour Authority 1925
黄景海・奚学瑶主編『秦皇島港史』人民交通出版社（一九八五年）

参考とした資料、文献

足利健亮『地図から読む歴史』（講談社学術文庫）（二〇一二年）
安達裕之著、日本海事科学振興財団船の科学館編『日本の船　和船編』日本海事科学振興財団船の科学館（一九九八年）
石井謙治『図説　和船史話』至誠堂（一九八三年）

出雲弥生の森博物館編『出雲弥生の森博物館展示ガイド　第2版』（二〇二〇年）
市川秀之『歴史のなかの狭山池』清文堂出版（二〇〇九年）
上田正昭『渡来の古代史』角川選書（二〇一三年）
宇治谷孟『続日本紀（上・中・下）』講談社学術文庫（二〇一五年）
太田牛一『信長公記』
大林組「季刊大林No20 王陵」（一九八五年）
岡田康博『世界遺産になった！縄文遺跡』同成社（二〇二一年）
日本道路公団広島建設局岡山工事事務所、岡山県教育委員会『岡山県埋蔵発掘調査報告　津寺遺跡2』（一九九五年）
近江俊秀『日本の古代道路』角川選書（二〇一四年）
カエサル、近山金次訳『ガリア戦記』岩波文庫（一九四一年）
君嶋俊行「港湾集落・青谷上寺地遺跡の終焉」（『古墳出現期土器研究』第8号）（二〇二一年）
京丹後市立丹後古代の里資料館編『丹後王国の世界』（二〇一三年）
京都府竹野郡弥栄町編『古代製鉄と日本海文化』（一九九三年）
群馬県立歴史博物館『群馬県立歴史博物館　常設展示図鑑』（二〇一七年）

国土交通省近畿地方整備局　亀の瀬地すべり資料室展示資料
堺市教育委員会『百舌鳥古墳群の調査7』（二〇一三年）
堺市博物館『大和川筋図巻をよむ』（二〇〇四年）
佐賀県立名護屋城博物館『海を渡った装身具』（二〇二〇年）
三内丸山遺跡センター『三内丸山遺跡ガイドブック』（二〇二二年）
重田堅一『かしわらの史跡（上・下）』柏原市総務部広報広聴課編集・発行（一九九三年）
高槻市立今城塚古代歴史館編『三島と古代淀川水運』（二〇一一年）
鳥取県埋蔵文化財センター『自然への備えと挑戦』（二〇一一年）
鳥取県むきばんだ史跡公園『蘇る弥生の国邑　妻木晩田遺跡（三訂版）』（二〇二二年）
長尾義三『物語　日本の土木史』鹿島出版会（一九八五年）
永島暉臣慎『古代船を復元した「なみはや号」顚末記』大阪市文化財協会
永留久恵『対馬国志（一・二・三）』交隣社出版企画（二〇一四年）
長野正孝「世界港湾発展史」、『港湾』（一九八八年二月〜一九八九年三月連載）
長野正孝『［決定版］古代史の謎は「海路」で解ける』ＰＨＰ文庫（二〇二一年）
長野正孝『古代史の謎は「鉄」で解ける』ＰＨＰ新書（二〇一五年）

長野正孝『古代の技術を知れば、『日本書紀』の謎が解ける』PHP新書（二〇一七年）
広島市役所編『新修広島市史（全七巻）』（一九五八～六二年）
深澤芳樹「描かれた日本古代の船」広島市講演会資料（二〇一五年）
松尾光『現代語訳　魏志倭人伝』新人物文庫（二〇一四年）
源通親『高倉院厳島御幸記』
村上泰通「鉄器普及の諸段階」、『日本における石器から鉄器への転換形態の研究』文部省科学研究費補助金研究成果報告書（一九九八年）
森浩一『日本神話の考古学』朝日文庫（一九九三年）
安村俊史『大和川の歴史』清文堂出版（二〇二〇年）
湯川清光「南河内の運河網」、『農業土木学会誌』第52巻第10号（一九八四年）
米子市教育委員会『国指定史跡　青木遺跡』
和辻哲郎『風土』岩波書店（一九三五年）

編集協力：前田守人
イラスト：瀬川尚志（P24、P25、P27、P29、P98、P101、P104、P141、P147、P169）

PHP新書
PHP INTERFACE
https://www.php.co.jp/

長野正孝［ながの・まさたか］

1945年生まれ。1968年名古屋大学工学部卒業。工学博士。元国土交通省港湾技術研究所部長、元武蔵工業大学客員教授。広島港、鹿島港、第二パナマ運河など港湾や運河の計画・建設に携わる。ライフワークは海洋史、土木史研究。著書に『[決定版]古代史の謎は「海路」で解ける』(PHP文庫)、『古代史の謎は「鉄」で解ける』『古代の技術を知れば、『日本書紀』の謎が解ける』(以上、PHP新書)、編著に『広島湾発展史』(中央書店)など。

古代史のテクノロジー

PHP新書 1340

日本の基礎はこうしてつくられた

二〇二三年二月九日　第一版第一刷
二〇二三年三月十三日　第一版第三刷

著者——長野正孝
発行者——永田貴之
発行所——株式会社PHP研究所
東京本部——〒135-8137 江東区豊洲5-6-52
ビジネス・教養出版部 ☎03-3520-9615(編集)
普及部 ☎03-3520-9630(販売)
京都本部——〒601-8411 京都市南区西九条北ノ内町11
組版——朝日メディアインターナショナル株式会社
装幀者——芦澤泰偉＋児崎雅淑
印刷所
製本所——図書印刷株式会社

ISBN978-4-569-85381-9

PHP新書刊行にあたって

「繁栄を通じて平和と幸福を」(PEACE and HAPPINESS through PROSPERITY)の願いのもと、PHP研究所が創設されて今年で五十周年を迎えます。その歩みは、日本人が先の戦争を乗り越え、並々ならぬ努力を続けて、今日の繁栄を築き上げてきた軌跡に重なります。

しかし、平和で豊かな生活を手にした現在、多くの日本人は、自分が何のために生きているのか、どのように生きていきたいのかを、見失いつつあるように思われます。そして、その間にも、日本国内や世界のみならず地球規模での大きな変化が日々生起し、解決すべき問題となって私たちのもとに押し寄せてきます。

このような時代に人生の確かな価値を見出し、生きる喜びに満ちあふれた社会を実現するために、いま何が求められているのでしょうか。それは、先達が培ってきた知恵を紡ぎ直すこと、その上で自分たち一人一人がおかれた現実と進むべき未来について丹念に考えていくこと以外にはありません。

その営みは、単なる知識に終わらない深い思索へ、そしてよく生きるための哲学への旅でもあります。弊所が創設五十周年を迎えましたのを機に、PHP新書を創刊し、この新たな旅を読者と共に歩んでいきたいと思っています。多くの読者の共感と支援を心よりお願いいたします。

一九九六年十月

PHP研究所

PHP新書

［歴史］

061 なぜ国家は衰亡するのか　中西輝政
286 歴史学ってなんだ？　小田中直樹
755 日本人はなぜ日本のことを知らないのか　竹田恒泰
903 アジアを救った近代日本史講義　渡辺利夫
922 木材・石炭・シェールガス　石井　彰
1012 古代史の謎は「鉄」で解ける　長野正孝
1057 なぜ会津は希代の雄藩になったか　中村彰彦
1064 真田信之　父の知略に勝《まさ》った決断力　平山　優
1085 新渡戸稲造はなぜ『武士道』を書いたのか　草原克豪
1086 日本にしかない「商いの心」の謎を解く　呉　善花
1096 名刀に挑む　松田次泰
1104 一九四五　占守島の真実　相原秀起
1108 コミンテルンの謀略と日本の敗戦　江崎道朗
1115 古代の技術を知れば、『日本書紀』の謎が解ける　長野正孝
1116 国際法で読み解く戦後史の真実　倉山　満
1118 歴史の勉強法　山本博文
1121 明治維新で変わらなかった日本の核心　猪瀬直樹／磯田道史
1123 天皇は本当にただの象徴に堕ちたのか　竹田恒泰
1129 物流は世界史をどう変えたのか　玉木俊明
1130 なぜ日本だけが中国の呪縛から逃れられたのか　石　平
1138 吉原はスゴイ　堀口茉純
1141 福沢諭吉　しなやかな日本精神　小浜逸郎
1142 卑弥呼以前の倭国五〇〇年　大平　裕
1152 日本占領と「敗戦革命」の危機　江崎道朗
1160 明治天皇の世界史　倉山　満
1167 吉田松陰『孫子評註』を読む　森田吉彦
1168 特攻　知られざる内幕　戸髙一成［編］
1176 「縄文」の新常識を知れば 日本の謎が解ける　関　裕二
1177 「親日派」朝鮮人　消された歴史　拳骨拓史
1178 歌舞伎はスゴイ　堀口茉純
1181 日本の民主主義はなぜ世界一長く続いているのか　竹田恒泰
1185 戦略で読み解く日本合戦史　海上知明
1192 中国をつくった12人の悪党たち　石　平
1194 太平洋戦争の新常識　歴史街道編集部［編］
1197 朝鮮戦争と日本・台湾「侵略」工作　江崎道朗
1199 関ヶ原合戦は「作り話」だったのか　渡邊大門
1206 ウェストファリア体制　倉山　満

586 理系バカと文系バカ　竹内 薫［著］／嵯峨野功一［構成］
618 世界一幸福な国デンマークの暮らし方　千葉忠夫
621 コミュニケーション力を引き出す　平田オリザ／蓮行
629 テレビは見てはいけない　苫米地英人
854 女子校力　杉浦由美子
869 若者の取扱説明書　齋藤 孝
888 日本人はいつ日本が好きになったのか　竹田恒泰
987 量子コンピューターが本当にすごい
竹内 薫／丸山篤史［構成］
994 文系の壁　養老孟司
1022 社会を変えたい人のためのソーシャルビジネス入門　駒崎弘樹
1025 人類と地球の大問題　丹羽宇一郎
1032 なぜ疑似科学が社会を動かすのか　石川幹人
1040 世界のエリートなら誰でも知っているお洒落の本質　干場義雅
1059 広島大学は世界トップ100に入れるのか　山下柚実
1073 「やさしさ」過剰社会　榎本博明
1079 超ソロ社会　荒川和久
1087 羽田空港のひみつ　秋本俊二
1093 震災が起きた後で死なないために　野口 健
1106 御社の働き方改革、ここが間違ってます！　白河桃子
1125 『週刊文春』と『週刊新潮』闘うメディアの全内幕
花田紀凱／門田隆将
1128 男性という孤独な存在　橘木俊詔
1140 「情の力」で勝つ日本　日下公人
1144 未来を読む　ジャレド・ダイアモンドほか［著］
大野和基［インタビュー・編］
1146 「都市の正義」が地方を壊す　山下祐介
1149 世界の路地裏を歩いて見つけた「憧れのニッポン」
早坂 隆
1150 いじめを生む教室　荻上チキ
1151 オウム真理教事件とは何だったのか？　一橋文哉
1154 孤独の達人　諸富祥彦
1161 貧困を救えない国 日本　阿部彩／鈴木大介
1164 ユーチューバーが消滅する未来　岡田斗司夫
1183 本当に頭のいい子を育てる 世界標準の勉強法　茂木健一郎
1190 なぜ共働きも専業もしんどいのか　中野円佳
1201 未完の資本主義　ポール・クルーグマンほか［著］／
大野和基［インタビュー・編］
1202 トイレは世界を救う
ジャック・シム［著］／近藤奈香［訳］
1219 本屋を守れ　藤原正彦
1223 教師崩壊　妹尾昌俊
1229 大分断　エマニュエル・トッド［著］／大野 舞［訳］
1231 未来を見る力　河合雅司